A Juan Carlos Vila, por haber mantenido fidelidad al tiempo en el que ancontece el Encuentro.

Colección Virtudes

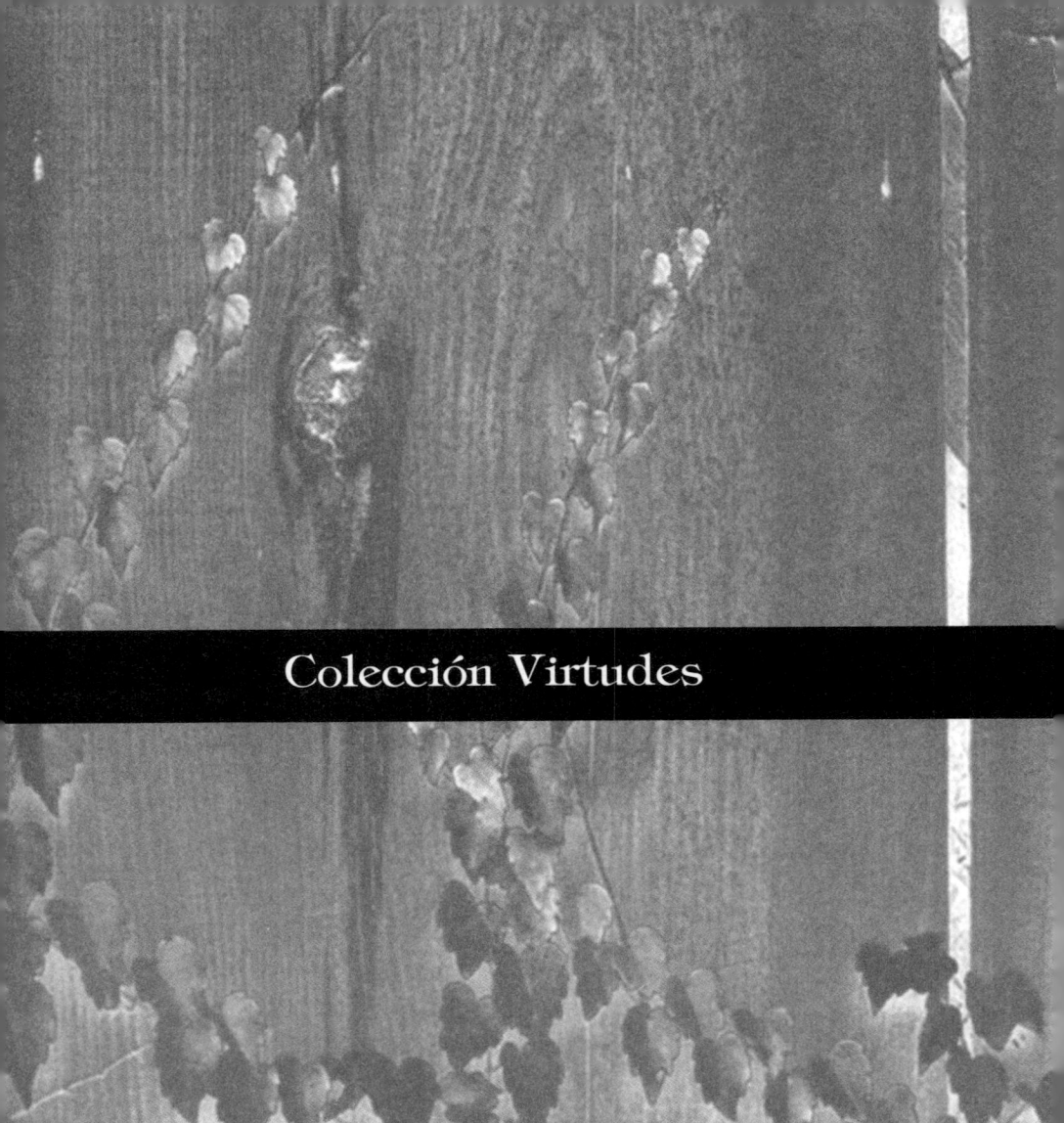

La Virtud de la Confianza

Carlos Díaz

Editorial Trillas
México, Argentina, España
Colombia, Puerto Rico, Venezuela

Catalogación en la fuente

> *Díaz, Carlos*
> *La virtud de la confianza. -- México : Trillas, 2002.*
> *160 p. ; 23 cm.*
> *ISBN 968-24-6664-4*
>
> *1. Virtudes. I. t.*
>
> *D- 241.4'D378vc   LC- BV4630'D5.87*

La presentación y disposición en conjunto de
LA VIRTUD DE LA CONFIANZA
son propiedad del editor. Ninguna parte de esta obra
puede ser reproducida o trasmitida, mediante ningún sistema
o método, electrónico o mecánico (incluyendo el fotocopiado,
la grabación o cualquier sistema de recuperación y almacenamiento
de información), sin consentimiento por escrito del editor

Derechos reservados
© 2002, Editorial Trillas, S. A. de C. V.,
Av. Río Churubusco 385, Col. Pedro María Anaya,
C.P. 03340, México, D. F.
Tel. 56 88 42 33, FAX 56 04 13 64

División Comercial, Calz. de la Viga 1132, C.P. 09439
México, D. F., Tel. 56 33 09 95, FAX 56 33 08 70

Miembro de la Cámara Nacional de la
Industria Editorial, Reg. núm. 158

Primera edición, agosto 2002
ISBN 968-24-6664-4

Impreso en México
Printed in Mexico

Esta obra se terminó de imprimir
el 30 de agosto del 2002,
en los talleres de Rodefi Impresores, S. A. de C. V.
Se encuadernó en Impresos Terminados Gráficos.

BM2 100 RW

Prólogo

«A mí, el más pequeño de todos los consagrados»...
«Sé de quien me he fiado y estoy seguro.»

SAN PABLO

Permítanme, de entrada, una confidencia personal: sabía que Carlos estaba escribiendo una serie de libros sobre las virtudes. Me dijo: «Tienes que escribirme el prólogo de uno de ellos.» Y miró la lista: «Escríbeme el prólogo sobre la virtud de la confianza.» Me emocionó la petición, pues Carlos y yo somos amigos. En años de trato nos hemos «domesticado» mutuamente. Compartimos, asentimos, discutimos... y confiamos el uno en el otro. Creo en él, él cree en mí, a pesar de la fragilidad de la que somos portadores, o quizá por eso mismo.

Este es un pequeño libro en el que me parece que Carlos Díaz se concentra en lo esencial para él. Es como un «eje transversal» que recorre el conjunto de su obra: personalismo, comunidad, soy amado y así existo, utopía, razón cálida, hombres y mujeres dignos de confianza, militancia, futuro, yo-tú, el valor del otro, Dios fundante, todo ser humano digno de amor, liberación, gracia, fe, perdón... y otros tantos temas queridos, acariciados en mil ocasiones en su extensa obra, aparecen aquí fundamentados, dichos de nuevo con originalidad y con esa acerada inteligencia con la que sabe tratar las cuestiones importantes. Es un libro escrito desde la pasión que quiere comunicar lo sustancial, lo que es capaz de dar sentido a la propia vida y a la de los que él quiere. Hay razón interesada en convencer y en compartir. Frente a tanta filosofía descafeinada es de agradecer.

Me ha gustado su larga historia de la confianza. La génesis de esta virtud en la misma estructura humana. Estamos hechos para confiar y para merecer confianza: el niño que es arrojado al mundo, indefenso, irá encontrando en el calor afectuoso de su madre el motivo para fiarse de la realidad: ese será el primer sentimiento sobre el que construirá su personalidad y su autoestima; aprenderá a decir yo al ser reconocido por otros tú; al enamorarse y saberse amado encontrará el gran estímulo para ser él/ella mismo/a; al dialogar se sentirá afirmado y libre; al confiar en el amigo se reconocerá valioso.

Mediante esta constitución personal, Dios se manifiesta como Amigo, Padre, Hermano, Espíritu. El ser humano es «oyente de la Palabra» en su misma raíz. Dios mismo se abre camino en el corazón del hombre para hacérsele presente posibilitando su confianza.

Carlos explora el largo filón de la revelación de Dios en la *Biblia*, en el que Dios se manifiesta totalmente volcado sobre sus hijos, digno totalmente de confianza, Fuente, Roca, Refugio, Socorro, Restaurador, Salvador, Liberador, Clemente, Fiel, Atento, Fundamento... Por Él, con Él y en Él, los humanos podemos apoyarnos, construir nuestro futuro personal y comunitario, amar y orar, pues el que es amado así por Dios mismo tiene necesariamente que ser valioso: «hijo y, por tanto, heredero».

Es desde esta relación primigenia, fiducial (Dios y los otros, Dios en los rostros de los otros, los otros como presencialidad de Dios), donde cada uno encuentra su identidad. En Cristo se manifiesta la plenitud de lo humano: «He aquí el Hombre.»

Como hace casi siempre, viaja Carlos de Jerusalén hasta Atenas. Hay un bien construido discurso filosófico acerca de la confianza y la des-confianza, con la consiguiente crítica a la razón falsamente ilustrada.

Y de la confianza a la acción. Sólo construye quien espera. Sólo planta el que aguarda el fruto, sólo desde la esperanza es posible el compromiso. Atención a esta parte del libro: si te la crees, te espera tarea y esfuerzo, también alegría y sentido. Estás advertido que este es un libro para ser vivido y para lanzar a la acción militante.

Carlos no es un ingenuo. Conoce y pone ante los ojos las razones para des-confiar y también para fiarse, descubre los múltiples senderos del alma y de la historia por los que llegamos a ser lo que somos. Pero apuesta por el principio confianza como fundamento sobre el cual podemos construirnos y fundar el futuro.

Tienes ante ti un libro con múltiples sugerencias para la salud, la amistad, la pareja, la educación, la filosofía, la teología, la acción militante, la oración: para la vida cotidiana. Como toda virtud auténtica, conduce a la felicidad. Es un libro de meditación en el mejor sentido de la palabra.

La confianza en la vida, en el misterio del mundo, o es ya el Ángel que anuncia la Buena Noticia o es su rumor (Berger). Miles de millones de padres y madres no pueden estar equivocados cuando le dicen a sus hijos que despiertan de una terrible pesadilla: «Tranquilo, mi niño; todo está bien, lo que soñaste es mentira; la vida es buena… puedes fiarte… Estamos aquí y la pesadilla de la muerte no te va a tragar.»

Nuestra confianza es que lo veremos… «Dichosos los limpios de corazón…»

José Hermógenes Martín

Índice de contenido

Prólogo — 5

Cap. 1. La fe en Dios en la base de la confianza en la existencia — 13
Confianza: un término que difícilmente cabe en los diccionarios, 15. El olvido de la radicación de la confianza en la fe religiosa, 17. El olvido de la relación interpersonal presente en la confianza, 18. El error del mundo moderno: comenzar por la desconfianza, es decir, por el magisterio de la sospecha, 19. No se puede confiar en algo, sino en alguien, 22. Necesitamos el fundamento absoluto, la roca última, el valladar inexpugnable, 24. Saber dar a la confianza lo que es de la confianza, 27. Las tres posibilidades básicas del creer y del confiar, 29. No hay verdadera fe confiada si en lo creído no se cree a alguien, 30. No hay verdadera fe confiada sin el querer libre y sin la fidelidad que persevera, 32. No hay verdadera fe confiada sin humildad, 33.

Cap. 2. Confiar en Dios — 35
La confianza en Dios, fuente de donde mana toda confianza en el prójimo y en uno mismo, 37. Confianza en un Dios fundamento que sostiene al desfondado, 38. Confianza en un Dios fuente, roca, refugio, socorro, restaurador, salvador, liberador, 42. Confianza en un Dios providencia, alfa omega, conocedor, benefactor, clemente, fiel, 43. La alianza en el Antiguo Testamento, 44. La alianza en el Nuevo Testamento, 47.

Cap. 3. Confiar en Dios es razonable — 51
¿Por qué se confía?, 53. El misterio del confiar, 54. Una confianza razonable, 56. A mayor convicción, mayor necesidad vital de confiada comunicación, 57. Necesidad de confianza en lo que salva, 59. ¿Y la duda?, 61.

Cap. 4. Confianza y oración   63
   Pedid, 65. Dios sabe lo que necesitamos antes de que se lo pidamos, 66. Sin embargo, le gusta que le hablemos, que se lo digamos, 67. Orar es el camino para confiar, 69. ...Y se os dará la gracia: eso basta, 69. Pedid sabiendo que antes fuisteis pedidos, 70. Un pedir que en el principio fue silencio paciente, 71. Silencio y paciencia se traducen en amistad y agradecimiento, 75. La llamada y la respuesta, 77. Un pedir confiado, aunque sea de noche, 78. ¿Cuándo es más de noche?, 79. Gracia y mérito, 82. Gracia barata (falsa confianza) frente a gracia cara (confianza activa y responsable), 84. La confianza verdadera espera una respuesta activa por parte de quien dice confiar, 87. Así en la tierra como en el cielo, 88. Más allá del temor, 89.

Cap. 5. De la confianza divina a la confianza humana   93
   La confianza que nace del alma, 95. La forma de sentir contagia confianza, 97. La forma de querer influye en la forma de confiar, 100. La forma de necesitar influye en la forma de confiar; ¿quién quiere comprar la ciudad de Estocolmo?, 101. La necesidad de confianza en un yo previo que el yo posterior anticipa, 103. Necesidad de confiar en la imagen que el otro nos devuelve como definición de nosotros mismos, 105. La necesidad de confiar en lo valioso ajeno, 106. Las falsas confidencias, 108. El mal ejemplo de dos tramposos de la literatura clásica: el lazarillo de Tormes y el ciego, 112. El ciudadano honesto y el sultán, 113. La persona fiel produce fidelidad en los demás, 113. Todo lo que es profundo, como la confianza, pide eternidad, 115. No ser fieles a la infidelidad, 118. La confianza, virtud personalizadora, 118. Confianza: encuentro compartido, 121. Progresar en los tres grados de confianza, 123. El principio confianza, 125. Algunas parábolas de la confianza, 127.

Cap. 6. En la otra ladera de la des-confianza   133
   Nadie da lo que no tiene, 135. La confianza exige generosidad recíproca, 136. Confianza y transparencia, 137. Las diez especies de la buena y de la mala fe, 138. Desconfianza y pesimismo, 140. De la desconfianza a la sospecha, de la sospecha a las fobias, 144. De las fobias al delirio, 146.

Índice onomástico   149
Índice analítico   151

*Estoy sobre la palma de tu mano
tranquilo como un niño.
No la quites, Señor; fuera de ella
ha extendido la nada sus abismos.*

Luis Cobiella

1

La fe en Dios en la base de la confianza en la existencia

CONFIANZA: UN TÉRMINO QUE DIFÍCILMENTE CABE EN LOS DICCIONARIOS

El diccionario de la lengua española de la Real Academia Española proporciona las siguientes acepciones del verbo *confiar*:

1. Esperar con firmeza y seguridad. 2. Encargar o poner al cuidado de alguien algún negocio u otra cosa. 3. Depositar en alguien, sin más seguridad que la buena fe y la opinión que de él se tiene, la hacienda, el secreto, o cualquier otra cosa. 4. Dar esperanza a alguien de que se conseguirá lo que desea.

Derivadamente define así al término *confianza*:

1. Esperanza firme que se tiene de una persona o cosa. 2. Seguridad que uno tiene en sí mismo. 3. Presunción y vana opinión de sí mismo. 4. Ánimo, aliento, vigor para obrar. 5. Familiaridad en el trato. 6. Familiaridad o libertad excesiva.

Por su parte, el *Diccionario del uso del español*, de María Moliner, proporciona un elenco de significaciones parecidas:

Confiar. 1. Suponer alguien que ocurre o se hace, o esperar que ocurrirá o se hará, cierta cosa necesaria para su tranquilidad: "confío en que la cuerda resistirá", "confiemos en que todo está en regla".

Esperar o suponer alguien, para su tranquilidad, que tendrá cierta cosa o que esa cosa será suficiente o como la necesita: "Confío en tu ayuda." "No confío en mi memoria." "Confiemos en la ayuda de Dios." "Confía demasiado en sus fuerzas." Fiar, fiarse, estar tranquilo respecto del comportamiento de alguien por considerarlo honrado, leal, eficiente, etc.: "Puedes confiar en él para todo." 2. Encargar, encomendar, entregar, dar o dejar el cuidado de cierta cosa a alguien o algo determinado: "Le han confiado la dirección del negocio." "Hiciste mal en confiar al correo un secreto de tanta importancia." Abandonar. Dejar. Encomendar. Entregar. Fiar. Desentenderse de una cosa dejándola depender de algo inanimado: "Lo confío todo al azar." "Confiemos a la corriente la dirección de la barca." Se dice también "confiar una cosa a la memoria." Decir en confianza a alguien cierta cosa que atañe a la intimidad de quien la dice.

Derivadamente define así al término *confianza*:

1. Actitud o estado de confiado. Actitud hacia alguien de quien se confía. 2. Ánimo para obrar fundado en la confianza en el éxito: "Emprendieron la expedición llenos de confianza." 3. Presunción. Exceso de confianza en el propio valer. 4. Convenio secreto, particularmente en asuntos de comercio. 5. Familiaridad. Franqueza. Manera natural de tratarse propia de los que tienen parentesco, amistad o mucho trato. Falta de cohibimiento para expresar o hacer algo: "Si no puedes hacerlo, dímelo con confianza." 6. Familiaridades. Libertades. Comportamiento impertinentemente familiar de una persona con otra: "Se tomaba demasiadas confianzas y tuve que pararle los pies." "Si no quieres que se propase no le des confianzas."

Por fin, el diccionario español de sinónimos y antónimos de Federico Carlos Sainz de Robles da como sinónimos de *confiarse* a: esperar, fiar-se, contar con, descansar, librar, entregarse en manos, echarse en brazos, dejarlo en Dios, encargar-se, encomendar-se, entregarse, abandonarse; y como antónimos cita a desconfiar-se y prevenir-se.

Respecto de *confianza*, son sus sinónimos: esperanza, fe, creencia, crédito, tranquilidad, seguridad, ánimo, aliento, vigor, esfuerzo, llaneza, amistad, franqueza, privanza, familiaridad, libertad, valimiento, intimidad, naturalidad, sinceridad, preferencia; y sus antónimos: presunción, fatuidad, abuso de confianza, atropello, exceso.

Baste con el florilegio. Hemos querido traer a colación estos pequeños botones de muestra para dar una idea de las dimensiones de esta hermosa virtud, que desde luego todo el mundo desea merecer, pues, ¿acaso no constituye un brillante broche de oro de toda una vida el ser dignos de confianza y estimación?

EL OLVIDO DE LA RADICACIÓN DE LA CONFIANZA EN LA FE RELIGIOSA

Sin embargo, es precisamente esa amplitud la que puede llevar, y de hecho lleva, a los diccionarios consultados a dejar de recalcar con el suficiente vigor (hablamos de recalcar con el suficiente rigor) algo esencial a la confianza, a saber; que esta última brota de la fe, hasta el extremo de que hablar de una *fe con-fiada* no es más que una tautología, o sea utilizar dos expresiones para redundar en un mismo significado, dos formas de decir lo mismo. En efecto, de fe (*fides*) procede *confidens*, confidente o confiante, y también *difiducia* o desconfianza, pues la confianza pide fe (es decir, *fidelidad*), es una forma de fe; si falta la fe, falta también la confianza.

Además de esto, los diccionarios al uso apenas si alcanzan a mencionar la radicación más profunda de la virtud de la confianza, que es la fe religiosa descansada en la confianza en Dios; por este motivo, y no queriendo por nuestra parte pasar por alto tan importante dimensión de la confianza, nos dedicaremos a ponerla de relieve en los primeros compases de estas páginas, así como a resaltar la forma en que la esperanza se hace presente a través de la oración, en cuanto que esta es una expresión privilegiada de fe con-fiada, hasta el extremo de que sin la misma, sin la fe que se abre a lo divino mediante la oración, no se entendería en su profundidad genuina la virtud de la confianza humana.

Sabemos que esta última afirmación puede resultar chocante en un mundo donde no es precisamente la confianza en la trascendencia divina lo más frecuente; sin embargo, es así. Digamos además en «descargo» de semejante tesis contenida en el presente libro, que ella no se debe a un mero impulso de nuestro propio capricho; antes al contrario, viene de las mejores tradiciones sapienciales, pues los filósofos clásicos también lo entendieron así al denominar a la fe que entraña confianza virtud teologal, o virtud que se orienta hacia Dios, a partir de la cual (junto con las otras dos virtudes teologales, la esperanza y el amor), se explicaban luego las demás virtudes antropológicas básicas, llamadas también por eso mismo, por básicas, *virtudes-gozne* o *virtudes cardinales*: sin las teologales, ninguna virtud humana podría llegar a merecer el título de verdaderamente cardinal, central, axial o confiable.

EL OLVIDO DE LA RELACIÓN INTERPERSONAL PRESENTE EN LA CONFIANZA

Además de esto, los diccionarios, por lo general más estáticos debido a su preocupación por las definiciones, suelen olvidar dos dimensiones importantes al tratar de la confianza: la primera, que la confianza no puede depositarse en los objetos ni en las cosas. En efecto, el hecho de que las cosas estén donde deben estar produce en todo caso seguridad, pero no confianza, la cual únicamente puede depositarse en la relación interpersonal. En tal sentido constituye un manifiesto despropósito, por muy coloquialmente que pueda usarse, la expresión «lo confío todo al azar», que los diccionarios ponen de manifiesto, pues por definición en el azar no puede haber confianza alguna, debido a la naturaleza misma del azar, que excluye toda seguridad, e incluso toda probabilidad y, desde luego, toda confianza.

La segunda característica que los diccionarios olvidan por lo general es que sólo cabe hablar de con-fianza cuando se trata de un activo fiar juntos (de un con-fiar), de una fianza que se despliega en el tiempo y que puede aparecer y desaparecer. Si esto es cierto, y así lo creemos, entonces pueden darse al respecto las siguientes situaciones básicas y la variada gama de combinaciones derivadas posibles:

- que, a pesar de manifestar lo contrario, ninguno se fíe del otro (o de los otros): situación de desconfianza total y generalizada;
- que uno confíe en el otro (o en los otros), pero no a la inversa: situación de confianza unilateral e imperfecta;
- que los dos confíen recíprocamente entre sí (y en todos), y a la inversa: es la confianza bilateral que nunca falla.

Desde luego, las anteriores situaciones pueden variar con el tiempo, las circunstancias y el sesgo de los acontecimientos, pero cuando permanecen siempre nos encontramos ante las verdaderas confianzas, a saber, ante las incondicionales e inquebrantables. Ahora bien, ¿cabe esta última situación en plenitud en las relaciones humanas? ¿Se puede confiar cuando el otro es misterio? No siempre es fácil dar con el acertijo que preludia el desenlace feliz. Cuerpo de animal coronado con cabeza humana, la esfinge simboliza el misterio de la condición humana; ella le pregunta a Edipo: «¿Cuál es el animal que por la mañana camina en cuatro patas, a mediodía en dos, y por la tarde en tres?». Edipo responde que el ser humano, derribando así a la esfinge y liberando de su prestigio maléfico a la ciudad de Tebas, cuyos habitantes le erigen rey en señal de gratitud. Pese a todo, ¿no es el ser humano un intercambiador de fragilidades; no es el suyo el imperio de lo efímero, de lo ignoto? ¿No forja con cada año (*annus*) un nuevo anillo (*annulus*) en torno a su levedad? Al ser el hombre un animal capaz de inaugurar novedad y, así progreso, ¿acaso inaugurar no es comenzar a hacer de augur, de adivino de meros y problemáticos augurios?[1]

EL ERROR DEL MUNDO MODERNO: COMENZAR POR LA DESCONFIANZA, ES DECIR, POR EL MAGISTERIO DE LA SOSPECHA

Sea como fuere, a pesar de todos los pesares, el ser humano no saldría adelante desconfiando de por vida. Mientras hay desconfianza hay malestar, y por eso la confianza sólo puede ser una situación transitoria, en el sentido estrictamente etimológico de lo *transitorio*, a saber, de lo que va más allá o es tránsito (*trans-itum*) hacia algún tipo de seguridad: volver al hogar en donde nos movemos con holgura constituye un anhelo de todas las gentes, aunque haya otras patrias. Por mucho que defendamos el camino no podemos negar la meta; desde luego, se hace camino al andar, pero, aunque se haga camino al andar, sin camino difícilmente habría andadura, como tampoco

---

[1] *Cfr.* C. Díaz, *El hombre, animal no fijado*, PPC, Madrid, 2001.

habría andadura si no hubiese meta alguna. Dicho de otro modo, se camina mejor el camino cuando se confía en la existencia de una meta y cuando se tiene confianza en que es posible alcanzar por lo menos el umbral de la tierra prometida, esa tierra prometida que los pobladores futuros de nuestra estirpe confían en poder habitar. Saber que llegará el día en que podamos definitivamente apaciguar nuestros rebaños en la tierra que mana leche y miel pone en pie la esperanza de un pueblo para siempre. Eso ayuda, eso sostiene, eso da resultados: al fin y al cabo, *confianza* es la capacidad para soportar las dudas, es el pájaro que canta cuando la aurora está oscura, pues incluso durante la noche confiar no es atisbar lo que vimos, sino entrever la luz que aún no hemos visto.

Permítasenos, pues, mostrar en este punto nuestro más radical acuerdo con R. Pannikar:

> El error fundamental de Descartes, como padre de la modernidad junto con los fundadores de la ciencia moderna que desde entonces ha dominado la civilización de Occidente, consiste en que una vez que el método de la duda permanente se ha establecido conscientemente no tiene fin.

En efecto, el pensamiento moderno surge de un grave error: el de afirmar que a la verdad se va por la duda, por la desconfianza, por la crítica y por la sospecha. Descartes nos acostumbró desde el siglo XVII a esa «duda hiperbólica», o sea a esa duda de todos respecto de todo y al final también contra todos, a esa dialéctica para la cual sólo de la negación de la negación surgiría la afirmación, y nos acostumbró mal: ¿no hubiera resultado más sencillo afirmar directamente? Pero de negación en negación y de duda en duda hemos ido de siglo en siglo, hasta hoy, desde el momento en que Descartes dijo: de algo no puedo dudar si (y sólo si) dudo; a saber, de que existo. La mancha de la mora introducida por la duda con otra más grande pretende ser lavada.

Desde Renato Descartes hasta la última Ilustración, que aún se remueve en su tumba, una y otra vez se ha repetido que razonar es someter a crítica, que todo puede ser críticamente fundado, y que en caso contrario nada se mantendría firme. Cuando Emmanuel Kant, siguiendo las huellas de Descartes, define a la Ilustración como la «liberación del hombre de su culpable incapacidad», está diciéndonos que «incapaz», ilustradamente hablando, es todo aquel que de alguna manera se deja acompañar por otro o camina con el otro confiadamente en el uso tranquilo de su inteligencia. Ahora bien, la prohibición de confiar y la de pensar en compañía, la postulación de la incapacidad de la inocencia para entender la realidad terminará arrastrando hacia el individualismo más feroz y hacia la guerra de todos contra todos.

Por esa senda el hombre de la modernidad ilustrada ha sido acostumbrado a usar su razón (*ratio*) como cálculo,[2] es decir, como acceso desconfiado a la realidad, de la que cada cual busca su «ración», su tajada, y por eso muchos suscribirían, más en veras que en bromas, así las cosas, esta definición que de *conocido* proporciona A. Bierce: «persona a quien conocemos lo bastante como para pedirle dinero prestado, pero no lo suficiente para prestarle». El hombre ilustrado se nos muestra como un desconfiado juez y como un frío calculador; conocido es, sin embargo, el resultado: tanto calcular lo que podría y no podría hacerse con el cálculo acabará roto en mil pedazos antes de comenzar a calcular, como el cántaro de la aguadora al pie de la fuente. Hegel, culminación de la Ilustración y por eso mismo su crítico, vio sin embargo certeramente que el cálculo en seco y la crítica en vacío resultan inconducentes. Descartemos, pues, a Descartes tras agradecerle los servicios prestados en otros terrenos, no precisamente en el de la virtud de la confianza.

La modernidad ha olvidado que a la verdad se llega por el constructo racional y matemático, sí, efectivamente; pero también y sobre todo por la cercanía auricular, por el oído; hasta el célebre torero Luis Miguel Dominguín apeló al oído, a la escucha del público como elemento fundamental del arte de Cuchares. No es que nos guste el toreo, siempre poniendo brutalmente en juego la vida humana, pero allá va la anécdota del maestro:

–¿Qué es lo más importante para torear? ¿El valor, el ritmo, el arte?
–No. Lo más importante para torear es el oído. Hay que oír lo que la gente te va diciendo desde los tendidos.

Oír no para seguir a pie juntillas lo oído, sino para tenerlo en cuenta por si vale. Por mi parte, aunque sin el toro delante, siempre

---

[2] *Ratio* viene del supino *ratum*, derivado del verbo *reor*, que significa "juzgar", "someter a juicio, a sospecha". *Cfr.* C. Díaz, *En el jardín del Edén*, San Esteban, Salamanca, 1992.

procuro dar las conferencias con el oído (con el oído: no según el «se dice», no de oídas, *di sentito dire*). Verdaderamente, pensar sólo se puede si *con-sumadamente, con otro* y, sobre todo, *para el otro*. Por menospreciar todo esto, el ilustrado no resulta capaz de entender el *consummatum est*.

Cómo se pueda dar razón desde la mera razón, pero sin la confianza previa, constituye la imposible quimera del ilustrado impenitente, entre los cuales *don Criticón* remite a *don Hipercriticón*, y éste por su parte a *don Superhipercriticón Más Nuevo* que reniega de la humildad de *Evidencia*, última en el conocimiento y primera en el reconocimiento: también aquí los últimos serán los primeros, ya que de los últimos principios en los que confiamos no hay razón que valga, sino mostración, intuición, evidencia.

En fin, dar razón de algo exige preguntarse cuántos justos pueden salvar a Sodoma y Gomorra de su destrucción, dejándose a su vez salvar en la medida en que uno pueda tener también bastante de sodomita y de gomorrino. Dicho de otra manera, el método, el camino del pensar no es otro que la coeundia, la con-fianza de dos que caminan juntos.

NO SE PUEDE CONFIAR EN ALGO, SINO EN ALGUIEN

¿Qué nos está pasando? Cuando un padre le recomienda a un hijo algo tan terrible y a la vez tan frecuente como «hijo mío, tú no te fíes de nadie», para lo cual muchas veces no faltan motivos, está sin querer enseñándole a ser un condenado por desconfiado, y nada tiene de extraño que alguien, prolongando la inercia de esa lógica, termine recomendando: «tú no te fíes ni de tu padre». Sin embargo, predicar la desconfianza de todos contra todos significa en última instancia no poder aceptarse siquiera a uno mismo pues, si efectivamente somos relacionales y la propia identidad se forja a partir de la convivencia, entonces la ajena desconfianza señalará la desconfianza y la inseguridad respecto de cada uno.

¿Cómo podremos superar las enemistades si somos inhábiles para restablecer la con-fianza? No hay más que una salida: contra perversa difiducia, conversa confianza. Bienaventurados, pues, los padres que son a la vez escuela de confianza, pues ellos preparan el advenimiento de unos nietos y de unos bisnietos sanamente confiados, prestos al apoyo mutuo y al establecimiento de vínculos de paz, de alegría y de esperanza de humanidad.

Necesitamos confiar. Ahora bien, aunque suele decirse que todo ser humano necesita confiar *en algo*, en realidad, sin embargo, no se puede confiar en *algo*, sino en *alguien*: *algo* no me da confianza, me da seguridad; puedo tener cariño a los perros o a los gatos, así como albergar la seguridad de que mi computadora no se va a descomponer mientras escribo, pero no puedo relacionarme con los animales ni con ella en el nivel de las con-fidencias o de las con-fianzas interpersonales, pues para eso hacen falta dos realidades del mismo nivel. Es más difícil confiar en las personas, pero tenemos que hacerlo, y así lo hacemos cada uno de los minutos de nuestras vidas, comenzando por desplegar cierta confianza sobre nosotros mismos y sobre las personas que más directamente nos rodean. Yo confío en que mañana sabré vestirme sin necesitar reaprender a hacerlo. Yo confío en que no se me olvide quién soy dentro de un rato. Yo confío en que mi amigo no me difame. Yo confío en que no perderé del todo la razón. Viajamos en avión y confiamos en que el piloto tenga las suficientes horas de vuelo y los papeles en regla, en que no sea un borracho, o en que no padezca en pleno vuelo un ataque de locura. Como este mundo es tan complicado, ni siquiera faltan los que, a tenor de su desconfianza en el piloto, confían en el *whisky* como adormidera propia para de ese modo vencer el miedo a las alturas.

Quita, pues, a una persona corriente las pequeñas ilusiones de su vida, los tenues hilos que tejen la confianza básica con que está hecha su vida, y le quitarás poco a poco también la felicidad: para quien tiene miedo todo son ruidos.

Ahora bien, quien ha sufrido algún naufragio tiembla ante las aguas tranquilas. A la hora de con-fiar necesito personas que no me fallen, aunque desgraciadamente las personas fallemos; a pesar de ello, o quizá por ello, necesitamos seguir con-fiando. En el fondo, confiar es intercambiar fragilidades esperando (esperando y confiando son gemelos univitelinos) el momento en que ya nada se quiebre a nuestro paso y nada se hunda bajo nuestras pisadas.

NECESITAMOS EL FUNDAMENTO ABSOLUTO, LA ROCA ÚLTIMA, EL VALLADAR INEXPUGNABLE

Sin embargo, es ese mismo intercambio de fragilidades que nos impide a las personas confiar recíprocamente el que también, por contrapartida, nos está invitando perentoriamente a que depositemos nuestra confianza en una Persona en la cual podamos descansar de forma absoluta sin sobresalto, pues los hombres pueden morir sin angustia si saben que aquello que aman queda a salvo de la destrucción, de la nostalgia y del olvido. Sí, necesitamos confiar en ese incondicional infalible, en ese Tú más firme para nosotros que nuestra propia firmeza, pues sólo él podría ser nuestro fundamento absoluto, la roca última, el valladar inexpugnable para nosotros, nuestro refugio, nuestra fortaleza, nuestro alcázar; y a este ser único se le ha denominado desde siempre con el augusto nombre de *Dios*.

Nos habla de la ineludible confianza en Dios

> la pasión de un orden que frente al caos dote de sentido a la existencia, la confianza fundamental en la santidad de lo real, el juego que en su intencionalidad profunda y gratuidad absoluta nos abre a la eternidad, la pasión irrefrenable de justicia, la imposible aceptación de la injusticia y su necesario rechazo, el humor como expresión de la trascendencia del hombre sobre las situaciones más insolubles, el permanente idealismo y la imposible aceptación de la realidad empírica como exclusiva tierra o meta definitiva y única del hombre. Éste tiene que comenzar por percibir esos rumores que, como vibraciones profundas de la vida, conmueven su existencia; y tiene luego que esforzarse por reconocerlos como efectos de una presencia activa de Dios, como reclamos que el Misterio le crea, invitándole a la atención interior y al recogimiento.[3]

En todo eso podemos confiar. Ciertamente,

> el hombre, oponiéndose al nihilismo, pronuncia y mantiene un *sí* fundamental ante la realidad, un *sí* ante la identidad, el sentido y el valor de esa misma realidad, un *sí* que abarca la racionalidad fundamental de la

---

[3] O. González de Cardedal, *Jesús de Nazareth, Aproximación a la cristología*, BAC, Madrid, 1978, p. 36.

razón humana. Esta confianza de fondo en la identidad, en el sentido y valor de la realidad, en la racionalidad fundamental de la razón humana, sólo puede estar fundada si todo esto, por su parte, no carece de fundamento, soporte y meta, sino que está basado en un origen, un sentido y un valor radicales: en esa realidad realísima que llamamos Dios. La confianza carece de fundamento sin confianza en Dios, sin fe en Dios.[4]

Repárese en que esta confianza comienza por dar un *sí* a la capacidad racional del hombre para razonar, y no para excusarse perezosamente en tal *sí*, que siendo gratuito no es superfluo; téngase además en cuenta que esa confianza no exime de la ulterior búsqueda ni atenta contra el deseo de hallar la voz de la conciencia interior que pueda llenarnos de certezas, sino que es una condición previa para toda búsqueda y para toda afirmación, una confianza radical y última. Dicho de otro modo, quien afirma a Dios sabe por qué puede fiarse de la realidad.[5] En efecto,

> si Dios existiera yo podría afirmar fundadamente la unidad e identidad de mi existencia humana frente a la amenaza del destino y de la muerte: Dios sería el fundamento primero de mi vida. Si Dios existiera yo podría afirmar fundadamente la verdad y el sentido de mi existencia frente a la amenaza del vacío y del absurdo: Dios sería el sentido último de mi vida. Si Dios existiera yo podría afirmar fundadamente la bondad y la validez de mi existencia frente a la amenaza de la culpa y de la condenación: Dios sería la esperanza integral de mi vida. Si Dios existiera yo podría afirmar fundada y confiadamente el ser de mi existencia humana frente a toda amenaza de la nada: Dios sería el ser mismo de mi vida de hombre. También esta hipótesis es susceptible de una precisión en sentido negativo: si Dios no existiera se entendería al instante por qué la unidad e identidad, la verdad y el significado, la bondad y el valor de la existencia humana están continuamente amenazados por el destino y la muerte, el vacío y el absurdo, la culpa y la condenación: por qué el ser de mi vida, en fin, nunca deja de estar amenazado por la nada. Y, como siempre, la respuesta fundamental sería la misma: porque el hombre no es Dios, porque mi yo humano no puede identificarse con su fundamento.[6]

---

[4] H. Küng, *Ser cristiano*, Cristiandad, Madrid, 1978, p. 778.
[5] H. Küng, *¿Existe Dios?*, Cristiandad, Madrid, 1979, p. 778.
[6] H. Küng, *Ser cristiano*, p. 84.

Dicho con otras palabras:

> creer en Dios es afirmar que la vida, el mundo y su historia tienen un sentido. Creer en Dios es escoger la libertad como basamento supremo de la realidad. Creer en Dios es creer en el hombre en el cual Dios habita.[7]

La incondicionalidad de la afirmación a favor de la humanidad sólo puede ser fundamentada incondicionadamente por un incondicionado en el que depositamos incondicionalmente nuestra confianza: por un absoluto que pueda comunicar un sentido trascendente y que no puede identificarse con el hombre como individuo, como naturaleza, o como sociedad humana; absoluto que únicamente puede ser Dios mismo. En efecto, sólo Dios funda la humana autonomía sin por ello despotenciarla, pues, como escribe acertadamente Hans Küng,

> si Dios existiera, la realidad fundante como tal ya no estaría últimamente infundada. ¿Por qué? Porque Dios sería en tal caso el fundamento primordial de toda realidad. Si Dios existiera, la realidad autosustentante no carecería en última instancia de soporte. ¿Por qué? Porque Dios sería en tal caso el soporte primordial de toda realidad. Si Dios existiera, la realidad autoevolutiva no carecería en último término de meta. ¿Por qué? Porque Dios sería entonces la meta primordial de toda realidad. Si Dios existiera, la realidad suspendida entre el ser y el no ser ya no sería últimamente sospechosa de inanidad. ¿Por qué? Porque Dios sería entonces el ser mismo de toda realidad.[8]

Dios aparece entonces como el *de dónde* de mi yo debo y de mi yo puedo, pues

> una fundamentación meramente antropológica, o bien sitúa el fundamento en los otros hombres, y entonces transfiere el problema sin resolverlo, o bien lo sitúa en sí mismo y entonces silencia la apertura personal de todo hombre, la orientación al diálogo que reclama un nivel absoluto como fundamento para que haga al hombre persona en el mundo y le arranque de su soledad y de la incomunicación.[9]

---

[7] R. Garaudy, *Appel aux vivants*, Ed. du Seuil, París, 1979, p. 296.
[8] H. Küng, *Ser cristiano*, p. 83.
[9] O. González de Cardedal, *Ética y religión*, Cristiandad, Madrid, 1977, p. 163.

Si nos cerrásemos a esa última Confianza nos arriesgaríamos a tener que revivir en nosotros mismos estas desconsoladas palabras:

*Has firmado sobre arena
y has escrito sobre el mar.
Sólo te queda la pena.*[10]

Sólo te queda la pena, o tal vez sólo pueda llegar a quedarte el alma en pena; quizá hoy no, pero antes o después te arriesgas, si no confías más que en ti mismo y en quienes te rodean, a que sólo te quede la pena. Por eso decimos que únicamente un Amor que nos preceda sin condiciones y que nos ame sin mérito nuestro será capaz de ponernos a salvo de toda pena y de toda lágrima; sólo ese Amor podrá sostenernos en nuestros dolores y en nuestras oscuridades dotándolos de confianza y de sentido, a pesar de todos los pesares, aunque sea de noche.

Feliz aquel que en tal Amor confía el resto de sus días y de sus noches.

SABER DAR A LA CONFIANZA LO QUE ES DE LA CONFIANZA

Pero, en última instancia, ¿qué es confiar, qué es creer, qué es esperar? ¿Sólo creen los que dicen creer, sólo descreen los que dicen descreer, sólo confían los que dicen confiar, sólo desconfían los que dicen desconfiar? Por nuestra parte no estaríamos tan seguros, pues a veces la mayoría de los humanos no sienten, creen sentir; pero también a la inversa: sienten cuando no lo creen. Creen que saben y no saben, creen que creen y no creen; pero también ocurre que saben que creen aunque no lo sepan y no creen que creen aunque crean. En estas circunstancias, conocemos a más de un supuesto agnóstico que, diciendo no creer en nada, pretende sin embargo que los demás crean como él cree que no hay que creer.

Conviene no ser crédulos, no ser tontamente confiadizos tragalotodo; pero también conviene no pasarse de listos en el manejo de la desconfianza, de modo que quien sabe decir «si no lo veo no lo

---

[10] A. Camus, *El estado de sitio*, Alianza, Madrid, 1985, p. 46.

creo», sepa también decir «si no lo creo no lo veo». Todo el arte estriba en ser capaces de ver donde no hace falta creer, y en saber creer donde no hace falta ver; asimismo, en saber creer donde hay que creer, y en saber ver donde hay que ver. Ya lo decía el mismísimo Aristóteles: «quien quiera saber ha de creer».[11] Y si esto es así, no sólo porque lo diga Aristóteles, entonces la proposición «donde el saber basta no necesitamos la fe», aun siendo verdadera exige saber cómo se sabe dónde basta el saber y dónde no basta. Naturalmente, nadie puede decir si algo basta sin pensar al mismo tiempo a quién debe bastar y hasta qué punto debe bastar.

Fe o confianza no es solamente convencimiento sentimental subjetivo, seguridad práctica respecto de los enunciados que no se pueden verificar teóricamente, un tener por verdadero que es subjetivamente suficiente pero al mismo tiempo objetivamente insuficiente, es decir, una visión insuficiente del contenido objetivo que se proclama, algo así como imaginarse, figurarse algo, «creérselo», dar entrada al derecho a la rareza, aceptar hoy como provisionales creencias las mismas de las cuales mañana podríamos prescindir sin mayores problemas debido a la debilidad de nuestra convicción respecto de ellas. Esa fe no sería fidedigna, digna de fe, y por lo tanto no generaría confianza: la fe confiada no puede ser una certeza de tono menor o de segundo grado, una seguridad de quita y pon, pues entonces, ¿para qué valdría, a quién serviría sino a las gentes superficiales?

Ciertamente, la fe no puede referirse ni a lo que se ve empíricamente ni a lo que se demuestra de forma científica, pero, ¿proporciona la misma certeza que la ciencia, aunque sea por otros conductos? Desde luego que sí; si la confianza no pudiese ponerse en común tampoco sería confianza, pues ya hemos dicho que la confianza sólo cabe en una relación interpersonal.

Ahora bien, si tal fuera así, es decir, si la confianza pudiera ponerse en común, ¿cómo intersubjetivizar esa convicción metaempírica, cómo dar razón compartida de eso que no se ve, de qué forma comunalizarla? Más aún, ¿podríamos aspirar a alcanzar algún tipo de fe común a la humanidad, similar a la certeza que todos compartimos cuando aseguramos que dos más dos son cuatro, al

---

[11] *De sophisticis elenchis*, 2.2.

menos en el espacio euclídeo y tridimensional que rige nuestra cotidianidad? Ciertamente, la humanidad está llena de convicciones compartidas, precisamente de aquellas que afirmamos que necesitamos desarrollar continuamente para plenificarnos como seres humanos (derechos humanos, etc.), aunque muchas veces nuestros actos desmientan esas nuestras convicciones.

Por último, es verdad que no se puede tener fe plena en aquello que de alguna manera no se entiende, es decir, en el absurdo parcial o total (no deja de ser absurdo afirmar «lo creo porque es absurdo»); pero, ¿tendremos que deducir de ahí que el asentimiento respecto de lo creído, por su naturaleza misma, puede llegar a producirse de forma incondicional y sin limitaciones? Creemos que sí; y no sólo lo creemos, sino que además albergamos la confianza de que vamos a poder mostrárselo a nuestros amables lectores, a quienes les pedimos al menos, de entrada, un acto de confianza provisional o metodológica, pues de lo contrario, sin ese acto de con-fianza, sería empresa vana intentarlo.

LAS TRES POSIBILIDADES BÁSICAS DEL CREER Y DEL CONFIAR

Dejemos ahí las cuestiones relativas al contenido objetivo de la creencia, y añadamos, además, que el creyente no sólo tiene que habérselas con un contenido objetivo, sino también con un elemento personal, con alguien, con el testigo que le garantiza ese contenido objetivo, y en quien se apoya; dicho de otro modo, la fe no sólo cree algo, sino que además cree algo a alguien, como se aprecia en la expresión «creer en Dios» (o «confiar en Dios»), una expresión que abarca al menos tres dimensiones: *Deo credere*, creer que es verdad lo que Dios dice; *Deum credere*, creer que Él es Dios; *in Deum credere*, dirigirse a Él creyendo, estar unido a Él creyendo. Los tres aspectos fundan una unidad indisoluble.[12]

---

[12] *Cfr.* nuestros libros: *Preguntarse por Dios es razonable. Ensayo de Teodicea*, Encuentro, Madrid, 1989, y *Apología de la fe inteligente*, Desclée de Brouwer, Bilbao, 1998.

Ahora bien, ¿qué es lo decisivo? ¿Es lo decisivo lo primero –el «algo» objetivo que se cree–, o lo segundo –el «alguien», también objetivo, a quien se cree–? ¿O acaso lo tercero, a saber, que algo es verdadero porque yo, el sujeto que lo cree, el término subjetivo de la relación, así lo cree? Ni sólo lo primero, aunque sea importante, ni sólo lo tercero, aunque sea imprescindible, pues sabemos que las cosas dejan de existir para quien deja de creer en ellas y, por el contrario, estamos siempre dispuestos a creer lo que anhelamos: como dijera Cervantes, fe o confianza es la virtud que nos hace sentir el calor del hogar mientras cortamos la leña.

Desde estos preámbulos, la respuesta adecuada nos la proporciona Joseph Pieper en un texto que reproducimos con agrado, a pesar de su longitud.

NO HAY VERDADERA FE CONFIADA SI EN LO CREÍDO NO SE CREE A ALGUIEN

> Puede muy bien suceder que alguien acepte como verdadero algo que dice otro, sin que crea al otro. Fe quiere decir tener algo por real y verdadero en virtud del testimonio de otro. Así pues, la razón de que se crea "algo" es que se crea "a alguien". Cuando esto no sucede se trata de algo distinto de la fe propiamente dicha. Un juez de instrucción, tras tomar declaración a los componentes de una banda que están bajo acusación, puede muy bien estar convencido de que algunas de sus afirmaciones son verdaderas, pero la razón de este "tener por verdad" no es la confianza y el asentimiento a la persona de los declarantes (la razón de creer en ellas puede ser, por ejemplo, el que las declaraciones, hechas independientemente unas de otras, coinciden entre sí). Pero este saber en virtud de testimonios es equívoco; exactamente hablando, no es en el testimonio, sino en la coincidencia de distintos testigos en lo que se fundamenta esa certeza y, por lo tanto, no tiene nada que ver con la fe.
>
> Puede suceder no raras veces que algo que en realidad no es fe sea tenido por ella, incluso por el supuesto "creyente" mismo. Puede alguien aceptar, por ejemplo, como verdad las doctrinas del cristianismo no porque estén garantizadas por Dios que se revela, sino porque le ha impresionado su unidad, porque le fascina lo atrevido y profundo de sus ideas, porque se adaptan a sus propias especula-

ciones sobre el misterio del mundo, etc. Este hombre tendría entonces por verdaderos los contenidos de la fe cristiana, pero de modo distinto al de la fe. Pensará quizá sin grandes conflictos que es un fiel cristiano, e incluso otros podrán tomarle por tal. El error, posiblemente, sólo se descubrirá en una situación de conflicto; entonces se pondrá de manifiesto que lo que hace crisis desplomándose pueden ser muy diversas cosas –una especie de filosofía de la vida, un pensamiento ideológico acorde con el propio deseo, respeto a la tradición, etc.–, pero en ningún caso fe en sentido estricto.

Si se pregunta a un verdadero creyente qué es lo que propiamente cree, no tendría que mencionar demasiadas cosas en detalle referentes al contenido de su fe, sino, en el caso de que quisiera ser absolutamente preciso, tendría que señalar hacia la persona que le garantiza esas verdades y responder: creo lo dicho por ése.

Si se sigue pensando con lógica resultará que la fe misma no está todavía realizada de forma pura cuando alguien acepta como verdad las afirmaciones de otro a quien otorga confianza, sino sólo cuando hace esto por la única y exclusiva razón de que aquel otro lo dice. Naturalmente es esta una situación extrema que casi parece caer en lo irreal. Normalmente lo que sucede entre los hombres es que uno confía y cree en otro, pero no hace valer sus afirmaciones como verdaderas exclusivamente por su palabra, sino también a causa de su interna probabilidad, porque coinciden con lo ya sabido por él, etc. Si realmente se realizase alguna vez ese máximo (es decir, que alguien acepte incondicionalmente como verdadero sólo porque otro así lo dice, sin ningún otro punto de apoyo, por ninguna otra razón), entonces el creyente en tal sentido radical tendría consecuentemente que tener, de la misma forma, por verdadero todo lo que esa persona que le sirva de guía haya dicho o pueda decir en el futuro. Basta considerar un poco esto para darse cuenta, sin duda alguna, de que algo semejante no puede darse legítimamente en la mera relación de hombre a hombre... Tiene que haber Alguien que haya hablado perceptiblemente por encima de los hombres de forma incomparablemente más alta a como ellos pueden estar por encima de los niños pequeños. Sólo así es decoroso para el hombre creer sencillamente. Únicamente entonces está permitido y es exigible. Si se cumple esto, la fe es algo "natural" para el hombre, o sea adaptado a sus límites y a su dignidad.[13]

---

[13] J. Pieper, *Las virtudes fundamentales*, Rialp, Madrid, 1998, pp. 312-316.

NO HAY VERDADERA FE CONFIADA SIN EL QUERER LIBRE Y SIN LA FIDELIDAD QUE PERSEVERA

Ahora bien, ¿cómo prestar nuestro confiado asentimiento a ese incondicional personal al que creemos?

> Creer sólo se puede si se quiere. Es posible que la veracidad de un hombre se me manifieste de forma tan convincente que no tenga más remedio que pensar: no está bien no creerle, "tengo que" creerle. Sin embargo, este último paso sólo puede darse con completa libertad, lo que quiere decir que puede también no darse. Son muchas las cosas que un hombre puede hacer por otro, pero "darle la fe" no puede hacerlo. La fe es algo distinto a una argumentación teórica. Para que llegue a existir esta otra cosa totalmente distinta que es la fe tiene "además" que producirse un asentimiento voluntario libre: la fe descansa en el querer.
>
> No puede ser de otro modo. Si el que sabe puede decir "esto es así y no de otra manera", es porque se le hace presente la realidad misma: la verdad le fuerza a ello. "Verdad" no significa otra cosa sino el mostrarse de aquello que es. Este mostrársele la realidad es lo que no le sucede al creyente. En consecuencia, la verdad no le fuerza a aceptar la proposición de que se trate. Le mueve más bien la intuición de que es bueno aceptarla como verdadera y real, en virtud de las manifestaciones de otro. A lo bueno no responde el conocer, sino el querer. La voluntad tiene la primacía en el conocimiento de la fe; es lo más importante. Yo creo no porque vea, comprenda o descubra algo verdadero, sino porque quiero algo que es bueno. El conocimiento del creyente se orienta hacia lo que ama y es objeto de su esperanza.[14]

El que te creó sin ti no te salvará sin ti, Dios sólo ayuda a quien hace por ayudarse a sí mismo. ¿Quieres tener a Dios de tu parte? Es muy sencillo: ponte tú de parte de Dios. Cuando nosotros hacemos la voluntad de Dios, entonces se hace la voluntad de Dios en nosotros. Dios está en todas partes. Por tanto, si tú no quieres apartarte de Él, Él no podrá apartarse de ti. Acercarse a Dios es asemejarse a Él, apartarse de Él es deformarse a uno mismo (a tal efecto no olvides que Dios llena los corazones, no los bolsillos). Ningún hombre es veraz si Dios,

---

[14] *Op. cit.*, pp. 319-320.

que es la Verdad, no habla en él. Ahora bien, ¿cuándo habla Dios en el hombre? Cuando el hombre está lleno de Dios.

El querer que verdaderamente quiere creer porque quiere algo que es bueno no puede ser pan para hoy y hambre para mañana, sino que ha de perseverar, y eso no lo puede hacer el pusilánime, el tornadizo, el medroso, sino el fiel, de ahí que se nos presente aquí cuando menos lo esperábamos la virtud de la fidelidad, aunque aparentemente no tuviera demasiado que ver con la confianza. Si la valentía es la virtud inaugural del comienzo, la fidelidad es la virtud de la continuación y del sacrificio necesario para mantener la fe hasta el final (recordemos que *fide*lidad es de la misma raíz que fe, *fides*). El hábito o segunda naturaleza de la fidelidad deriva de la voluntad, pero esto no significa que la volición segunda sea automáticamente –es decir, a modo de autómata– más fácil que la primera; en todo caso, no es menos meritoria. La fidelidad confiada no puede ser tesaurizada ni capitalizada, no se puede vivir de las rentas; hay que renovar la fiel confianza con valentía, con audacia:

> hace falta valentía para permanecer fiel, pues en cada minuto, para persistir en su continuidad, la fidelidad exige pequeños recomienzos de valentía; resistiendo a los caprichos del cambio y de la versatilidad, a las tentaciones del olvido frívolo y de la ingratitud, a las pruebas del sufrimiento, la fidelidad es una valentía continuada; la valentía es la paciente continuación de comienzo; la valiente fidelidad prolonga el instante incoativo más allá del comienzo propiamente dicho. La valentía no es por lo tanto sólo el espasmo de la primera decisión, sino un estado y un valor fiel.[15]

Es la victoria de la tenacidad y de la contención sobre el *a pesar de*; como lo dijo Goethe, nada grande se ha hecho que no haya sido una victoria sobre el *a pesar de*.

NO HAY VERDADERA FE CONFIADA SIN HUMILDAD

Pero, ¿qué sucede cuando es imposible ver por uno mismo? ¿Se debe entonces, en lugar de contentarse con un acceso a la realidad menos

---

[15] V. Jankélévitch, *Les vertus et l'amour*, I, Flammarion, París, 1986, p. 89.

perfecto, renunciar a cualquier acceso a ella, siguiendo las heroicas palabras de "o todo, o nada"? Justamente esta es la cuestión con la que se encuentra todo aquel que tiene que decidirse entre creer y no creer.

Pongámonos en el caso de un naturalista que, alrededor del año 1700, se hubiese propuesto la tarea de describir los granos de polen de las plantas por él conocidas. Indudablemente habría estado en condiciones de extraer no pocos conocimientos de lo que hubiera visto por sí mismo con sus ojos y con la ayuda de sencillas lupas. Habría podido recibir también, por supuesto, la visita de un colega que hubiese visto tales granos de polen a través de uno de los primeros microscopios, por haber estado en Delft con Antonio van Leuwenhoek. Este visitante podría haberle referido que los gránulos negros que quedan en la mano al frotar una amapola son en realidad de una forma geométrica extremadamente regular y perfectamente estructurada, que se repite siempre, y claramente distinguible de los granos de polen de las otras plantas, y así algunas cosas más. Aceptemos, por lo demás, que ese hombre no hubiera tenido posibilidad alguna de mirar él mismo a través de un microscopio y que su visitante no le hubiera relatado más que lo que él realmente hubiera percibido. En estas condiciones, ¿no habría captado él más verdad, es decir, más realidad, al no obstinarse en tener por real y verdadero sólo lo que él podía ver con sus propios ojos y decidiéndose a "creer" a su visitante? ¿No tiene ahora la primacía el oír y el creer?[16]

Ciertamente, la tiene; concedérsela es practicar la humildad: ser sabio con la cabeza de otro no es menos que ser sabio con la cabeza de uno si el otro es más sabio. Ahora bien, aquel al que yo me confío al creer no puede ser alguien que no sabe, alguien al que yo me confío al buen tuntún y sin fundamento; no puede producirse, por ejemplo, sin el convencimiento de que aquel a quien uno se confía es digno de fe. Pero este convencimiento no puede ser de nuevo fe; la credibilidad de aquel a quien se cree no puede tener que ser creída a su vez. Feliz el que te ama a ti, al amigo en ti y al enemigo por ti; no pierde a ningún ser querido aquél, y solo aquél, para quien todos son seres queridos en Aquel que nunca se pierde.

Ahora bien, ¿existe ese Aquel en quien incondicionalmente puedo confiar?

---

[16] Pieper, *op. cit.*, pp. 124-126.

2

Confiar en Dios

LA CONFIANZA EN DIOS, FUENTE DE DONDE MANA TODA CONFIANZA EN EL PRÓJIMO Y EN UNO MISMO

Dios no es un gran Quizá. El hecho de no entender muchas cosas en nuestras relaciones con Dios no es un problema tan serio como no aceptar que no podemos entenderlo todo. Quienes confían en Dios se reconocen como adoradores del misterio, de lo totalmente otro, de aquello que a uno le hace ser lo que es y sin lo cual no es, de esa realidad ontológicamente suprema, perfección de todas las perfecciones, realidad última, bien sumo del que todo participa, omniabarcante, fundante, en el que las personas que-en-Él-fían se mueven, existen, son: la vida del con-fiado creyente no es una entrega al azar, ni al vacío, ni al sinsentido, ni a la dispersión, ni al caos. Cuando a San Francisco le salen en las manos los estigmas de los clavos de Cristo,[1] con-fía de tal modo inserto en su pasión y muerte, que las revive porque se ha cristificado. Por eso cuando rompe con Dios el creyente se rompe a sí mismo, se en-ajena, se altera, no sabe vivir.

[1] En el Antiguo Testamento hay un antes y un después. Antes del pecado del hombre, Dios baja a conversar con aquél a la caída de la tarde (*cfr.* Romano Guardini, *Ética,* BAC, Madrid, 1998). Después del pecado, sin embargo, Dios le vuelve la espalda, se torna pudoroso, pues los ojos impuros no son dignos de contemplarle; incluso a los mejores (por ejemplo, a Moisés en el monte Sinaí) tan solo se les muestra en su fulguración, en su brillo, pero no en su «gloria» (*cfr.* Hans Urs von Balthasar, *Gloria.* Encuentro, Madrid,

El creyente no sabe vivir sin Dios, es un con-fiado, es decir, un con-vertido, alguien que ya no mira a otro lado que no sea hacia donde le lleva su fe; es, por ende, la antítesis del des-confiado, del di-vertido, o del des-centrado y reclamado por mil cantos de sirena que le sacan de sí y lo alienan dirigiéndole como el viento dirige a la veleta. Las conversiones a medias tal vez paralicen el pecado, pero no lo cambian. ¿Por qué no gozar con-fiando en que cuanto más profundas sean las grietas que se abren en su corazón mayor capacidad de acogida tendrán el día en que el Señor quiera llevarle a su Presencia? La conversión conlleva el paso de un modo de ser a otro más profundo, de suerte que existe un antes y un después en la conversión: tras ella emerge una persona que ha comenzado una vida nueva. Por esta **metanóesis** o cambio radical, en que la vida misma de la persona confiante consiste, el creyente asume su existencia entera con abnegación o renuncia a vivir en la superficie de la realidad, apostando por adentrarse en el misterio divino, abandonándose a él, reconociéndole y adorándole cual centro absoluto.

Veámoslo con algunos ejemplos bíblicos, por cierto de gran hermosura literaria.

CONFIANZA EN UN DIOS FUNDAMENTO QUE SOSTIENE AL DESFONDADO

Dios mío, Dios mío, ¿por qué me has abandonado?

> Dios mío, Dios mío, ¿por qué me has abandonado? / ¡Lejos de mi salvación, las voces de mi rugido! / Dios mío, de día clamo, y no respondes, / también de noche, y no hay silencio para mí... / desde el vientre de mi madre eres tú mi Dios. / No andes lejos de mí, que la angustia está

1982). El Nuevo Testamento vuelve a permitir la visión del rostro de Dios en el Hijo. El cristianismo, al afirmar que Dios es uno en esencia y tres en personas (Padre, Hijo, Espíritu Santo), confiesa que quien ha visto al Hijo de Dios, y Dios él mismo, ha visto a Dios. El Padre es, por lo tanto, an-icónico; el Hijo es diacónico, pues sirviendo como diácono o servidor muestra el rostro del Padre; la relación de amor Padre-Hijo se derrama dia-icónicamente a través del Espíritu Santo. En resumen, an-icónico es el Padre; dia-cónico es el Hijo, dia-icónico es el Espíritu: «Muéstranos, Señor, tu rostro.»

cerca, / ¡no hay para mí socorro! / Soy como el agua que se vierte, / todos mis huesos se dislocan, / mi corazón se vuelve como cera, / se me derrite entre mis entrañas. / Mi paladar está seco lo mismo que una teja / y mi lengua pegada a mi garganta; / se me echa en el polvo de la muerte… / Porque no ha despreciado / ni ha desdeñado la miseria del mísero; / no le ocultó su rostro, / mas cuando le invocaba le escuchó.[2]

Porque mi alma de males está ahíta, / y mi vida está al borde del seol; / contado entre los que bajan a la fosa, / soy como un hombre acabado; / relegado entre los muertos, / como los cadáveres que yacen en la tumba, / aquellos de los que no te acuerdas más, / que están arrancados de tu mano. / Me has echado en lo profundo de la fosa, / en las tinieblas, en los abismos; / sobre mí pesa tu furor, / con todas tus olas me hundes. / Has alejado de mí a mis conocidos, / me has hecho para ellos un horror, / cerrado estoy y sin salida, / mi ojo se consume por la pena. / Yo te llamo, oh, Yahvé, todo el día, / tiendo mis manos hacia ti… / Desdichado y agónico estoy desde mi infancia, / he soportado tus terrores, y ya no puedo más; / han pasado tus iras sobre mí, / tus espantos me han aniquilado… / Has alejado de mí compañeros y amigos, son mi compañía las tinieblas.[3]

Mi voz hacia Dios: yo clamo, / mi voz hacia Dios: él me escucha. / En el día de mi angustia voy buscando al Señor, / por la noche tiendo mi mano sin descanso, / mi alma el consuelo rehúsa. / De Dios me acuerdo y gimo, / medito, y mi espíritu desmaya… / ¿Acaso por los siglos desechará el Señor, / no volverá a ser propicio? / ¿Se ha agotado para siempre su amor? / ¿Se acabó la Palabra por todas las edades? / ¿Se habrá olvidado Dios de ser clemente, / o habrá cerrado de ira sus entrañas? / Y digo: "Este es mi tormento: / que se ha cambiado la diestra del Altísimo". / Me acuerdo de las gestas de Yahvé, / sí, recuerdo tus antiguas maravillas, / medito en toda tu obra, / en tus hazañas pienso.[4]

Tenme piedad, señor.

Tenme piedad, Yahvé, que estoy sin fuerzas, / sáname, que mis huesos están desmoronados, / desmoronada totalmente mi alma, / y tú, Yahvé, ¿hasta cuándo?… / Estoy extenuado de gemir, / baño mi lecho cada noche, / inundo de lágrimas mi cama.[5]

---

[2] Salmos, 22:1-25.
[3] Salmos, 88.
[4] Salmos, 77:2-13.
[5] Salmos, 6:3-7.

Tenme piedad, Yahvé, / que en angustias estoy. / De tedio se corro en mis ojos, / mi alma, mis entrañas... / De todos mis opresores, / me he hecho el oprobio; / asco tan sólo soy de mis vecinos, / espanto de mis familiares. / Los que me ven en la calle / huyen lejos de mí; / olvidado estoy de los corazones como un muerto, / como un objeto de desecho... / Mas yo confío en ti, Yahvé, / me digo: "¡Tú eres mi Dios!" / Está en tus manos mi destino, líbrame / de las manos de mis enemigos y perseguidores; / haz que alumbre a tu siervo tu semblante, / ¡sálvame por tu amor![6]

Tiende tu oído, Oh Jahvé, respóndeme, / que desdichado y pobre soy; / guarda mi alma, porque yo te amo, / salva a tu siervo que confía en ti. / Tú eres mi Dios, tenme piedad, Señor, / pues a ti clamo todo el día... / Pues tú eres, Señor, bueno e indulgente, / rico en amor para todos aquellos que te invocan... / Mas tú, Señor, Dios clemente y compasivo, / tardo a la cólera, lleno de amor y lealtad, / ¡vuélvete a mí, tenme compasión! / Da fuerza a tu siervo, / salva al hijo de tu sierva. / Hazme una señal que sea para bien.[7]

A la tarde, a la mañana, al mediodía...

Se me estremece dentro el corazón, / me asaltan los pavores de la muerte, / miedo y temblor me invaden, / un escalofrío me amenaza... / A la tarde, a la mañana, al mediodía, / me quejo y gimo: / él oirá mi clamor... / Mas yo tengo confianza en ti.[8]

Pues mis días en humo se disipan, / mis huesos arden lo mismo que un brasero; / trillado como el heno, mi corazón se seca, / y me olvido de comer mi pan; / ante la voz de mis sollozos, / mi piel a mi lengua se ha pegado... / El pan que como es la ceniza, / mi bebida mezclo con mis lágrimas, / ante tu cólera y tu enojo, / pues me alzaste y después me has desechado: / mis días son como la sombra que declina, / y yo me seco como el heno. / Mas tú, Yahvé, en tu trono para siempre, / y tu memoria de edad en edad... / Desde antiguo tú fundaste la tierra, / y los cielos son la obra de tus manos; / ellos perecen, mas tú quedas, / todos ellos como la ropa se desgastan, / como un vestido los mudas tú, y se mudan. / Pero tú siempre el mismo, no tienen fin tus años.[9]

---

[6] Salmos, 31:10-17.
[7] Salmos, 86:1-7 y 15-17.
[8] Salmos, 55:5-6 y 18-24.
[9] Salmos, 102:4-13 y 26-28.

Socorro, no tardes.

Pues desdichas me envuelven / en número incontable. / Mis culpas me dan caza, / y no puedo ya ver; / más numerosas son que los cabellos de mi cabeza, / y el corazón me desampara. / ¡Dígnate, oh Yahvé, librarme; / Yahvé, corre en mi ayuda!… / ¡Y yo, pobre y desdichado! / ¡Oh, Señor, piensa en mí! / ¡Tú mi socorro y mi libertador, / oh Dios mío, no tardes![10]

Pues, si miras mis culpas, ¿quién, Señor, subsistiría?

Desde lo más profundo grito hacia ti, Yahvé: / ¡Señor, escucha mi clamor! / ¡Estén atentos tus oídos / a la voz de mis súplicas! / Si en cuenta tomas las culpas, oh Yahvé, / ¿quién, Señor, se tendrá en pie? / Mas el perdón se encuentra junto a ti, / para que seas temido.[11]

Te compadeces de todos, porque todo lo puedes, / y disimulas los pecados de los hombres para que se arrepientan. / Amas a todos los seres, y nada de lo que hiciste aborreces, / pues si algo odiases no lo hubieras creado. / Y ¿cómo podría subsistir cosa que no hubieses querido? / ¿Cómo se conservaría si no la hubieses llamado? / Mas tú todo lo perdonas, porque todo es tuyo, Señor que amas la vida.[12]

Dios, tú mi Dios, yo te busco, / sed de ti tiene mi alma, / en pos de ti languidece mi carne, / cual tierra seca, agotada, sin agua… / Cuando pienso en ti sobre mi lecho, / en ti medito mis vigilias, / porque tú eres mi socorro, / y yo exulto a la sombra de tus alas; / mi alma se aprieta contra ti, / tu diestra me sostiene.[13]

Alma saturada.

¡Ten piedad de nosotros, oh Yahvé, ten piedad de nosotros,// que estamos saturados de desprecio![14]

Tenme piedad, oh Dios, según tu amor, / por tu inmensa ternura borra mi delito, / lávame a fondo de mi culpa, / y de mi pecado purifícame. / Pues mi delito yo lo reconozco, / mi pecado sin cesar está ante

---

[10] Salmos, 40:13-18.
[11] Salmos, 130:1-4.
[12] Sabiduría, 1:23-26.
[13] Salmos, 63:2-9.
[14] Salmos, 123:3-4.

mí; / contra ti, contra ti sólo he pecado, / lo malo a tus ojos cometí... / Devuélveme el son del gozo y la alegría, / exulten los huesos que machacaste tú. / Crea en mí, oh Dios, un puro corazón, / un espíritu firme dentro de mí renueva; / no me rechaces lejos de tu rostro, / no retires de mí tu santo espíritu... / Mi sacrificio es un espíritu contrito; / un corazón contrito y humillado, oh Dios, no lo desprecias.[15]

CONFIANZA EN UN DIOS FUENTE, ROCA, REFUGIO, SOCORRO, RESTAURADOR, SALVADOR, LIBERADOR

Mi auxilio.

Alzo mis ojos á los montes: / ¿de dónde vendrá mi auxilio? / Mi auxilio de Yahvé, / que hizo cielos y tierra.[16]

Como jadea la cierva / tras la corriente de agua, / así jadea mi alma, / en pos de ti, mi Dios. / Tiene mi alma sed de Dios, / del Dios vivo; / ¿cuándo podré ir a ver / la faz de Dios?... / Abismo que llama al abismo, / en el fragor de tus cataratas, / todas tus olas y tus crestas / han pasado sobre mí... / Diré a Dios, mi Roca: / ¿Por qué me olvidas?, / ¿por qué he de andar sombrío / por la opresión del enemigo? /... Tú, el Dios de mi refugio: / ¿por qué me has rechazado?... / Y llegaré al altar de Dios, / al Dios de mi alegría.[17]

Yo te amo, Yahvé, mi fortaleza, / mi salvador, que de la violencia me has salvado. / Yahvé, mi roca y mi baluarte, / mi liberador, mi Dios; / la peña en que me amparo.[18]

Mi refugio.

Qué puede hacerme el hombre?... / Mejor es refugiarse en Yahvé / que confiar en hombre... / La piedra que los constructores desecharon / en piedra angular se ha convertido; / esta ha sido la obra de Yahvé, / una maravilla a nuestros ojos.[19]

[15] Salmos, 51.
[16] Salmos, 121:1-2.
[17] Salmos, 42-43.
[18] Salmos, 18:1-3.
[19] Salmos, 118:5-8, 22-23.

Mi salvación.

Yahvé, mi luz y mi salvación, / ¿a quién he de temer? / Yahvé, el refugio de mi vida, / ¿por quién he de temblar?[20]
He buscado a Yahvé, y me ha respondido: / me ha liberado de todos mis temores... Temed a Yahvé vosotros, santos suyos, / que a quienes le temen no les falta nada.[21]

CONFIANZA EN UN DIOS PROVIDENCIA, ALFA OMEGA, CONOCEDOR, BENEFACTOR, CLEMENTE, FIEL

Presencia providente.

Yahvé, tú me escrutas y conoces; / sabes cuándo me siento y cuándo me levanto, mi pensamiento calas desde lejos; / observas si voy de viaje o si me acuesto, familiares te son todas mis sendas. / Que no está aún en mi lengua la palabra, / y ya tú, Yahvé, la conoces entera... / ¿A dónde iré yo lejos de tu espíritu, / a dónde de tu rostro podré huir? / Si hasta los cielos subo, allí estás tú, / si en el seol me acuesto, allí te encuentras. / Si tomo las alas de la aurora, / si voy a parar a lo último del mar, / también allí tu mano me conduce, / tu diestra me aprehende.[22]

Escucha.

Oh, Dios, tú conoces mi locura, / no se te ocultan mis ofensas. / Y yo, desdichado, dolorido, / ¡tu salvación, oh Dios, me restablezca!... / Porque Yahvé escucha a los pobres,/ no desprecia a sus cautivos.[23]
Tenía yo fe, incluso cuando dije: / "Muy desdichado soy"!, / yo, que en mi enajenación llegué a decir: / "Todo hombre es mentiroso". / ¿Cómo a Yahvé podré pagar / todo el bien que me ha hecho?[24]

---

[20] Salmos, 27:1.
[21] Salmos, 34:5-10.
[22] Salmos, 139.
[23] Salmos, 69:6 y 30-34.
[24] Salmos, 116:10-12.

Bondad.

Clemente y compasivo es Yahvé, / tardo a la cólera y grande en amor, / bueno es Yahvé para con todos, / y sus ternuras sobre todas sus obras.[25]

Pero tú eres el Dios de los perdones, / clemente y entrañable, / tardo a la cólera y rico en bondad. / ¡No los desamparaste! / Ni siquiera cuando se fabricaron / un becerro de metal fundido / y exclamaron: "¡Este es tu Dios / que te sacó de Egipto!" / Grandes desprecios te hicieron. / Tú, en tu inmensa ternura, / no los abandonaste en el desierto.[26]

Cual la ternura de un padre para con sus hijos, / así de tierno es Yahvé para quienes le temen; / que él sabe de qué estamos plasmados, / se acuerda de que somos polvo… / Mas el amor de Yahvé desde siempre y hasta siempre / para los que le temen, / y su justicia para los hijos de sus hijos, / para aquellos que guardan su alianza, / y se acuerdan de cumplir sus ordenanzas.[27]

LA ALIANZA EN EL ANTIGUO TESTAMENTO

El hombre es una realidad finita y la de Dios es infinita. Lo que el hombre es se lo debe enteramente a Dios; por eso, ante todo para el ser humano, Dios es gracia: «Yahveh, Dios de ternura y de gracia, tardo a la ira y rico en misericordia y fidelidad.[28] En Dios la gracia resulta a la par misericordia que se interesa por la humana miseria (*hen*), fidelidad generosa a los suyos (*hesed*), solidez inquebrantable en sus compromisos (*emet*), adhesión de corazón y de todo el ser a los que ama (*rahamim*), justicia inagotable (*sedeq*), capaz de garantizarle a todas sus criaturas la plenitud de sus derechos y de colmar todas sus aspiraciones.

La generosidad de Dios se derrama gratuitamente en toda carne[29] como total iniciativa suya no justificada en el pueblo elegido por ningún mérito («Israel es el último de los pueblos, pero… Yahveh os ha amado»,[30] sino únicamente por «el amor a vosotros y la fidelidad al

---

[25] Salmos, 145:8-9.
[26] Nehemías, 9:16-19.
[27] Salmos, 103:13-18.
[28] Éxodo, 34:6.
[29] Eclesiástico, 1:10.
[30] Deuteronomio, 7:7 ss.

juramento hecho a vuestros padres».[31] La vida entera de Abraham se desenvuelve bajo el signo de la libre iniciativa de Dios: Dios interviene el primero, le escoge, le hace salir de Ur y lo conduce a un país desconocido, etc. Desde entonces la elección se muestra como un hecho continuado y se desarrolla constantemente con la elección de nuevos escogidos agraciados, pues la gracia de Dios quiere con-fiados, pide un intercambio, una comunión, por lo cual San Pablo afirmará que la gracia no es una cualidad de Dios, sino acontecimiento de Dios, para el hombre.

Israel llegó a una fórmula: *hesed we'emet* benevolencia y fidelidad), que recoge este punto de partida, (como definitoria de los sentimientos de Dios para con su pueblo.[32] *Hesed* (amor benevolente) es un principio irreductible a la pura racionalidad, así como al orden o previsibilidad inmanentes al cosmos; *emet* (firmeza, fiabilidad, fidelidad, estabilidad), es antítesis de capricho y de veleidad.[33]

El Dios en que confía Israel, más que el de la «razón», es el del diálogo entre Dios y el hombre que se expresa en términos de alianza y que exige fidelidad por fidelidad, no fidelidad a la ley o a los mandatos como reflejo de un orden universal objetivo al que hubiera que ajustarse. La fidelidad del hombre tiene como término, en primer lugar, al Tú de Dios, sin lo cual no existe religión, sino religiosidad. Esta fidelidad funda un orden social nuevo en la práctica del derecho y la justicia (*mispat wesedaqah*) como amor y fidelidad, algo muy distinto de la justicia griega (*dikaiosynê*) según la describe Platón,[34] a saber, como «divino principio racional»[35] que se expresa en el estamento de los filósofos. El Salmo 89:15[36] simboliza la idea que tiene Israel del orden social en la descripción del trono de Dios: «justicia y derecho sostienen tu trono, lealtad y fidelidad se colocan frente a ti». Así se subjetiviza el orden social como fundado en la palabra y, por lo tanto, le confiere una estructura básicamente dialógica. En resumen, para el hebreo el mundo descansa en la voluntad creadora de Dios expresada en su palabra.

---

[31] Deuteronomio, 7:8.
[32] Éxodo, 34:6.
[33] Salmos, 11:7s; 119, 160.
[34] República, IV, 433 d-e.
[35] *Ibid.*, IX, 590 d.
[36] *Cfr.* también 85:10-14.

También aquí la confianza en el Dios de la historia se impone en Israel al dios cósmico: su palabra no es la expresión de la razón y de la verdad íntima de las cosas, ni una causa necesaria que quedara encerrada en las cosas mismas; su palabra se identifica con la palabra de la Alianza, con la palabra profética de la promesa: así como el cosmos se comprende en su relación con el hombre y en función de éste, la creación se entiende desde la Alianza; ambos nacen de la *hesed* (benevolencia) y se mantienen por la *emet* (fidelidad) de Dios.

La confiada admiración bíblica es también el punto de llegada del conocimiento, su plenitud, y es, sobre todo, admiración ante alguien, la cual encuentra su expresión adecuada en la oración hímnica o de acción de gracias tan característica de los salmos.

En definitiva, la palabra de Dios es amor fiel, y esa es la «razón» suprema del mundo, su causa estructurante. Lo que cae fuera de ella es muerte y tiniebla, extinción de sentido y decaimiento de ser, des-creación. Pero amor fiel es comunicación a través de la palabra que lo contiene; por eso la estructura íntima del mundo es dialógica: comunicación de Dios con el hombre y del hombre con el hombre; el cosmos queda transido e incorporado por este diálogo y adquiere en él su sentido. Cuando decae esta tensión dialógica, el cosmos se torna caos.[37]

Antes de que el hombre creyera o confiara en Dios, Dios creyó y confió en el hombre. Así lo han creído muchos a lo largo de los tiempos:

> Cuando Israel era niño, yo le amé; y de Egipto llamé a mi hijo... Yo enseñé a andar a Efraím, los tomé en mis brazos, mas ellos no comprendieron que yo los cuidaba. Los conducía con cuerdas de humanidad, con lazos de amor... Sanaré su rebeldía, los amaré generosamente, pues mi ira se ha apartado de ellos. Seré como el rocío para Israel, florecerá él como el lirio y echará sus raíces como el Líbano.[38]

Muchas veces el hombre ha roto esa alianza, pero nunca la rompe Dios, el paciente, el fiel:

---

[37] J. Barreto, "Para una antropología bíblica: anotaciones sobre el ámbito del *Logos*", en *Almogaren*, Cet, Las Palmas de Gran Canaria, diciembre de 1988.
[38] Oseas, 11.

La mujer adúltera, en lugar de su marido, toma maridos ajenos. A toda prostituta se le da un regalo. Pero tú (Israel) has dado tus regalos a todos tus amantes, y les has comprado para que viniesen a ti de los alrededores y se prestasen a tus prostituciones. Contigo ha pasado en tus prostituciones al revés que con las otras mujeres: nadie andaba solicitando detrás de ti; eras tú la que pagabas, y no se te pagaba: ¡al revés que las otras![39]

Y a pesar de todo Yahvé es fiel:

Que yo mismo restableceré mi alianza contigo, y sabrás que yo soy Yahvé, para que te acuerdes y te avergüences, y no oses más abrir la boca de vergüenza, cuando yo te haya perdonado todo lo que has hecho, oráculo del Señor Yahvé.[40]

Te he amado con un amor eterno, por eso te he atraído a mí lleno de misericordia.[41]

Mas Sión dijo: Me ha abandonado el Señor, el Señor se ha olvidado de mí. ¿Puede acaso una mujer olvidar a su pequeñuelo hasta no apiadarse del hijo de sus entrañas? Aunque ésta se olvidare, yo no me olvidaré de ti.[42]

LA ALIANZA EN EL NUEVO TESTAMENTO

Esta confianza presente en el Antiguo Testamento se reanuda en el Nuevo, en el interior de la Iglesia. A pesar de todas las críticas que los cristianos puedan realizar a su Iglesia, confían, tienen fe en que en ella está el Espíritu de Dios. El siguiente bello y extenso texto así lo expresa, y por ese motivo lo traemos aquí a colación:

Qué discutible eres, Iglesia y, sin embargo, cuánto te quiero. Cuánto me has hecho sufrir y, sin embargo, cuánto te debo. Quisiera verte destruida y, sin embargo, tengo necesidad de tu presencia. Me has escandalizado mucho y, sin embargo, me has hecho entender la

---

[39] Ezequiel, 16:33-34.
[40] Ezequiel, 16:62-63.
[41] Jeremías, 31.
[42] Isaías, 49.

santidad. Nada he visto en el mundo más oscurantista, más comprometido, más falso, y nada he tocado más puro, más generoso, más bello. Cuántas veces he tenido ganas de cerrar en tu cara la puerta de mi alma, y cuántas veces he pedido poder morir entre tus brazos seguros. No, no puedo librarme de ti, porque soy tú, aun no siendo completamente tú. ¿Y después dónde iría?, ¿a construir otra? Pero no podré construirla sino con los mismos defectos, con los míos que llevo dentro. Y si la construyo será mi Iglesia, no la de Cristo. Soy bastante mayor para entender que no soy mejor que los demás. El otro día un amigo ha escrito una carta a un periódico: "dejo la Iglesia porque por su compromiso con los ricos ya no es creíble". Me da pena. O es un sentimental que no tiene experiencia, y lo disculpo, o es un orgulloso que se cree mejor que los demás. Ninguno de nosotros es creíble mientras esté en esta tierra. San Francisco gritaba: "tú me crees santo y no sabes que puedo aún tener hijos con una prostituta si Cristo no me sostiene".

La credibilidad no es de los hombres, es sólo de Dios y de Cristo. De los hombres es la debilidad y, acaso, la buena voluntad de hacer algo bueno con la ayuda de la gracia que brota de las venas invisibles de la Iglesia visible. ¿Acaso la Iglesia de ayer era mejor que la de hoy?, ¿acaso la Iglesia de Jerusalén era más creíble que la de Roma? Cuando Pablo llegó a Jerusalén llevando en su corazón sed de universalidad al viento de su potente soplo carismático, ¿acaso los discursos de Santiago sobre la circuncisión o la debilidad de Pedro que se entretenía con los ricos de entonces (los hijos de Abrahán) y que daba el escándalo de comer sólo con los puros, pudieron hacerle dudar sobre la autenticidad de la Iglesia que Cristo había fundado y darle ganas de ir a fundar otra en Antioquía o en Tarso?, ¿acaso a Santa Catalina de Siena, viendo al Papa que hacía –¡y cómo lo hacía!– una sucia política contra su ciudad, la ciudad de su corazón, podía venirle a la cabeza la idea de ir a las colinas sienesas, transparentes como el cielo, y hacer otra Iglesia más transparente que la de Roma, llena de pecados y politizante?

No, no creo, porque tanto Pablo como Catalina sabían distinguir entre las personas que componen la Iglesia –"el personal de la Iglesia", diría Maritain– y esta sociedad humana llamada *Iglesia*, que a diferencia de todas las demás colectividades humanas "ha recibido de Dios una personalidad sobrenatural santa, inmaculada, pura, indefectible, amada como esposa de Cristo y digna de ser amada por mí como madre dulcísima". Aquí está el misterio de la Iglesia de Cristo, verdadero misterio impenetrable. Tiene el poder de darme la santidad y está formada toda ella, del primero al último, de pecadores y ¡qué pecadores! Tiene la fe omnipotente e invencible de renovar el misterio eucarístico y está compuesta por hombres débiles que están perplejos y se debaten cada día contra la tentación de perder la fe. Lleva un mensaje de pura transparencia y está encarnada en una masa sucia, como es sucio el mundo. Habla de la dulzura del Maestro, de su no violencia, y en la historia ha mandado ejércitos a destruir infieles y torturar herejes. Transmite un mensaje de evangélica pobreza y busca dinero y alianzas con los poderosos. Los que sueñan cosas diversas de esta realidad no hacen sino perder el tiempo y comenzar siempre de nuevo. Demuestran que no han entendido al hombre.

Porque así es el hombre, como lo hace visible la Iglesia en su maldad y, al mismo tiempo, en su coraje invencible que la fe en Cristo le ha dado y la caridad de Cristo le hace vivir.

Cuando era joven no entendía por qué Jesús, no obstante la negación de Pedro, lo quiere jefe, su sucesor, primer Papa.

Ahora no me extraño y comprendo mejor que haber fundado la Iglesia sobre la tumba de un traidor que se asusta por el cotilleo de una sirvienta era una advertencia continua para mantenernos en la conciencia de la propia fragilidad. No, no me voy de esta Iglesia fundada sobre una piedra tan débil, porque fundaría otra sobre una piedra aún más débil, que soy yo. ¿Pero qué cuentan las piedras? Lo que cuenta es la promesa de Cristo, lo que cuenta es el cemento que une las piedras, que es el Espíritu Santo. Sólo el Espíritu Santo es capaz de hacer la Iglesia con las piedras mal cortadas que somos nosotros. Sólo el Espíritu Santo puede mantenernos unidos, no obstante nosotros, no obstante la fuerza centrífuga de nuestro orgullo sin límites.

Aquí está el misterio más grande de la Iglesia, al que renuncio cuando cierro mi corazón al hermano enemigo erigiéndome en juez de la asamblea de los hijos de Dios. Y el misterio está aquí. Esta amalgama de bien y de mal, de grandeza y de miseria, de santidad y de pecado que es la Iglesia que en el fondo soy yo. Si ninguno de los que vivimos, de los que estamos en la Iglesia, podemos llamarnos "Iglesia" porque la persona Iglesia nos supera, cada uno de nosotros puede sentir con temblor y con infinito gozo que cuanto ocurre en la relación Dios-Iglesia es algo que pertenece a lo íntimo. En cada uno de nosotros repercuten las amenazas y la dulzura con que Dios trata a su pueblo de Israel, la Iglesia.

A cada uno de nosotros Dios le dice como a la Iglesia: "Yo te haré mi esposa para siempre"(Os., 2:21); pero al mismo tiempo nos recuerda nuestra realidad: "Tu impureza es como la herrumbre. He querido limpiarla, trabajo inútil. Es tan abundante que no se quita ni con el fuego" (Ex., 24:12). Basta leer a los profetas para comprender que cuanto Dios dice a su pueblo, Israel, nos lo dice a cada uno de nosotros. Si las amenazas son numerosas y la violencia del castigo grande, más numerosas son las palabras de amor y más grande es su misericordia. Diré, pensando en la Iglesia y en mi pobre alma, que Dios es más grande que nuestra debilidad.

Pero hay algo aún más bello. El Espíritu Santo, que es el Amor, es capaz de hacernos santos, inmaculados, bellos, aun vestidos de bribones y adúlteros. El perdón de Dios, cuando nos llega, hace transparente a Zaqueo y hace inmaculada a Magdalena, la pecadora. Es como si el mal no hubiese podido tocar la profundidad metafísica del hombre. Es como si el Amor hubiese impedido pudrirse al alma lejana del Amor."Yo he echado tus pecados sobre mis espaldas", dice Dios a cada uno de nosotros, y continúa: "te he amado con amor eterno, por eso te prolongaré mi favor. Volveré a edificarte y serás edificada, virgen de Israel"(Jer., 31:3-4). Nos llama "vírgenes" aun cuando estemos de retorno de la enésima prostitución en el cuerpo, en el espíritu y en el corazón. En esto, Dios es verdaderamente Dios, el único capaz de hacer las "cosas nuevas". Porque no me importa que él haga los cielos y la tierra nuevos; es más necesario que haga "nuevos" nuestros corazones. Y este es el trabajo de Cristo. Y este es el ambiente divino de la Iglesia. ¿Queréis impedir este "hacer nuevos los corazones" abandonando la asamblea del pueblo de Dios?, ¿o queréis, buscando otro lugar más seguro, poneros en peligro de perder el Espíritu?[43]

Así como cuando se tiene una fobia se corre el riesgo de que la fobia se extienda por contaminación hasta generar un entorno fóbico, así también, sólo que en el sentido contrario, cuando se tiene confianza en Dios, esa confianza llega a todos los rincones, se extiende como un reguero y termina encontrándose razonable, como vamos a verlo en el capítulo siguiente.

---

[43] C. Carretto, en *Alandar*, Madrid, 1981. Hermoso texto en torno al cual giran las pp. 185-197 de nuestro libro *El hombre animal no fijado*, PPC, Madrid, 2001.

3

Confiar en Dios es razonable

¿POR QUÉ SE CONFÍA?

La fe confiada es garantía de lo que se espera, la prueba de las realidades que no se ven. La fe confiada mueve montañas, logra lo imposible, induce a pregunta, faculta audacias, genera maravillas. El hombre de fe verdaderamente confiada, ligero de equipaje, sin ataduras ni intereses mundanos, se encuentra para Dios disponible: "habla, Señor, que tu siervo escucha". Sabedor, pues, de que se nos ha concedido el doble número de orejas que de bocas, por lo menos escucha el doble de lo que habla, atento siempre al rumor y al eco de los ángeles que sin embargo pasa desapercibido a quienes sólo tienen oídos aguzados para el rumor del dinero, del sexo, etcétera.

Ahora bien, ¿por qué la fe confiada para unos sí y para otros no?, ¿por qué se disfruta de verdadera fe confiada?, ¿cuál o cuáles son los mecanismos que la explicarían, y cómo? Si la fe es la garantía de lo que se cree, entonces nada puede salir por su parte garante de la fe, a no ser la gracia. Detrás de la fe confiada sólo está la gracia, y la gracia es lisa y llanamente gracia, irreductible ella misma por su parte a cualquier tipo de lógica o de estrategia, ya que se expresa sencillamente con la fuerza de su cariño, y éste, ¡por fortuna!, no necesita dar razones para existir y actuar. ¿Por qué se quiere? Se quiere porque se quiere, a veces sin merecimientos e incluso contra toda lógica. Todos los mecanismos que consideremos necesarios resultan sin embargo insuficientes a la hora de explicar por qué éste tiene fe y aquel otro no la tiene. La fe confiada rompe los moldes argumentales. Fuera de la gracia amorosa que nos abre a la fe confiada no existen semejantes mecanismos capaces de explicarla, y si existen, los ha desconocido hasta la fecha la humanidad. Tenemos, pues, que limitarnos a comprobar humildemente que aquello por mor de lo cual se mueven montañas, la fe, no puede sin embargo ser a su vez explicado. Lo esencial de la fe confiada (y, por ende, de su elaboración teológica) resulta invisible a los ojos e irreductible a la lógica.

EL MISTERIO DEL CONFIAR

Fe confiada y misterio van juntos. En efecto, éstos la desean pero no la tienen, mientras que aquéllos la tienen aun cuando luchan contra ella. A unos se les aprecia una fe robusta, exuberante, sobreabundante, difusiva, mientras que a otros se les ve con fe esquelética, esmirriadita, inapetente, tísica. Hay quien no la pierde ni un solo minuto de su vida por muy dilatada que sea; hay quien va y viene lacunariamente por sus alveolos discontinuos, desapareciendo y reapareciendo como el río Guadiana en las lagunas de Ruidera por las manchegas tierras de Don Quijote y Sancho. A determinadas personas les basta y sobra como argumento fiduciario un puñado de minirrazones que no satisfacen ni siquiera remotamente las grandes exigencias argumentales de otras. Gente pretendidamente iluminada exige respuestas sin fin en materia de fe; para quien cree con cierto talante no existen preguntas; para quien no cree con cierto talante de sentido contrario no existen respuestas. Y así sucesivamente.

Por otra parte, la fe no resulta analizable con criterios deterministas que apelan a mecanismos meramente exteriores, pues dados todos los estímulos, puede, sin embargo, no producirse el efecto previsto en la medida en que el humano no es un robot. Tampoco basta con recurrir al ambiente o a las circunstancias educacionales y familiares, ni a los escalafones profesionales o a la posición social, o a la época, ni a nada por el estilo para dar razón de las convicciones profundas que mueven nuestra vida, por muy pregnantes y por muy fuertemente inculcadas en nosotros que ellas hubieran sido antes o después.

Las circunstancias, obviamente, influyen en nosotros, pero tampoco somos nosotros un producto absolutamente previsible de las mismas: a veces has querido estimular tanto a alguien en una dirección cualquiera (por ejemplo, en la dirección de alentar las vocaciones religiosas), que produces, sin embargo, efectos contrarios: te has pasado de rosca, te ha salido el tiro por la culata. Y es que la persona se resiste normalmente, hasta donde puede, ser manipulada, se cierra en banda a la hiperdoctrinalización sectaria, protesta y traduce en sentimientos de rechazo los estímulos con que pretendiste programarla, siendo estos últimos vividos entonces aversivamente por ella. Y esto demuestra que su propia libertad es más fuerte que la necesidad con que se la violenta.

> Para alcanzar la verdad el hombre debe franquear cuarenta y nueve puertas, cada una de la cuales se abre sobre una nueva pregunta. Luego llega ante la última puerta, la última pregunta, más allá de la cual sólo podrá vivir en la fe.[1]

Nunca pudo haberse diagnosticado la situación más tontamente que en el célebre conductismo, según el cual nuestro comportamiento resulta del todo previsible, como si bastara con tener un conocimiento mecanicista del estímulo para predecir sin posibilidad alguna de error la respuesta o la reacción milimétrica. No, nada de eso es verdadero; en consecuencia, debido a que ninguno de nosotros es un tubo hueco o vacío que se limite a reproducir los sonidos que le vienen estimúlicamente del exterior, sino que indefectiblemente los filtramos y adecuamos a nuestro yo, nadie puede plantearse el asunto de la convicción de fe como si se tratase de cualesquiera otros productos elaborados mecánicamente en la fábrica y troquelados matemáticamente. No, nada de eso. No existen fábricas de creyentes o de confiantes, ni fabricantes de fe alguna con pretensiones de ser verdadera fe (y no hablo ya de fe verdadera, sino tan solo de verdadera fe), como tampoco pueden existir fábricas de seres humanos, y la razón está en que el humano no es únicamente una máquina, sino sobre todo un maquinista autónomo que se mueve

---

[1] E. Wiesel, *Retratos y leyendas jasídicos*, Ediciones de la Flor, Buenos Aires, 1988, p. 85.

en un universo que le estimula, un maquinista tan complejo como misterioso de cuyo interior imprevisible salen legiones de voces que a él mismo llegan a sorprenderle profundamente. Los automatismos no explican jamás una condición tan compleja y tan asombrosa como la condición personal. De unos mismos padres estamos hartos de ver todos los días que pueden salir, y que de hecho salen, actitudes filiales (y, por supuesto, también opciones de fe) tan diferenciadas como a veces incluso antitéticas en los distintos hijos.

En resumen, por aquello de que «lo que se recibe se recibe según la naturaleza de quien lo recibe», no toda persona situada en un ambiente religioso llega a ser religiosa automáticamente.

UNA CONFIANZA RAZONABLE

Lo anteriormente dicho no debe llevarnos a pensar que confiar sea algo meramente irracional, algo así como la oscuridad donde todos los gatos son pardos, no. La desgracia principal no es la pérdida de la fe, sino la pérdida de la razón que hay en la fe, y la pérdida de fe que hay en la razón, es decir, la pérdida de una racionalidad cálida. Lejos de contraponer radicalmente fe confiada y razón crítica, entendemos la fe confiada como algo razonable que no excluye la necesaria razón crítica; como lo ha dicho Xavier Zubiri,

> *razonable* no significa forzosamente que es una verdad que no está suficientemente probada, pero que es conforme a la razón. Lo que significa primariamente es que es congruente aceptar en la vida aquello que la razón conoce, sea o no suficiente este conocimiento. Y la aceptación en cuestión será tanto más razonable cuanto más riguroso sea el conocimiento. Lo razonable en este sentido es más que lo racional; es lo racional transfundido en todo el ser del hombre. Aunque se demostrara matemáticamente la necesidad de que la voluntad acepte incorporar al ser de la persona lo que la razón descubre, sin embargo la aceptación real y efectiva quedaría siempre abierta a una opción. Por eso es necesaria la voluntad de fundamentalidad.
>
> El hombre actual está más necesitado de ella que nunca. La aceptación vital de lo racional no es a su vez racional; es más que racional, es razonable.[2]

[2] X. Zubiri, *El hombre y Dios*, Alianza, Madrid, 1988, p. 263.

Así pues,

no se trata de que la fe lleve a la intelección, ni de que ésta lleve a aquélla, sino de que ambos aspectos constituyen unidad radical. Esto es, su unidad está en la raíz misma de donde emerge el movimiento de la persona hacia Dios: en la voluntad de fundamentalidad como principio de actitud. Conocimiento y fe no son sino dos momentos de este unitario movimiento. La voluntad de fundamentalidad como principio de actitud es, pues, en sí misma, la unidad radical no sólo posible sino real del conocimiento de Dios y de la fe en Él como opción libre por lo razonable.[3]

A MAYOR CONVICCIÓN, MAYOR NECESIDAD VITAL DE CONFIADA COMUNICACIÓN

En lo que a mí se refiere, he de confesar humildemente que, desde mi confianza en el Evangelio, considero razonable acercarse a la verdad amando profundamente a Dios, al prójimo y a mí mismo, esto es, devolver bien por mal; mantener la esperanza hasta en el dolor; poner alegría donde hubo tristeza; promover consuelo donde se ha dado aflicción; confiar donde la sospecha y sólo la sospecha parecía instalada, etc., aspiraciones posibles y deseables para la humanidad, inteligencia cálida, amplia, de largo alcance, que a pesar de todos los intentos académicos los filósofos no han podido en última instancia menospreciar.

Sin el Evangelio las cuentas no me salen plenamente ni para las razones del corazón ni para las razones de la razón, ni para esta vida ni para la otra: casi nunca logro llegar con ellas a fin de mes, quizá porque no me sé administrar bien o porque gasto demasiado. Hallándome, pues, en la convicción de que nada encuentro más racional que creer razonablemente en Dios, con todo lo que eso entraña para el ejercicio de la especulación así como para la convicción vital, y no explicándome tampoco (a pesar de haberlo intentado fervientemente muchas veces: lo siento) cómo sería posible creer en Dios pero pensar como si no creyera en Dios, me considero culturalmente «alma naturalmente cristiana», y ello de tal for-

---

[3] *Op. cit.*, pp. 264-265.

ma que si definir al humano como *animal racional* no está mal, y caracterizarle como animal político tampoco resulta una aproximación manca, sólo en plenitud cabría designarle como un *animal cristiano* o *cristianable*.

Esa racionalidad, que a todos y a mí nos ha sido regalada por gracia, una vez recibida la hemos trabajado muchas horas, como supongo todo el mundo hará en lo tocante a su relativo sistema de convicciones o de perplejidades y disidencias. Así pues, en un mismo movimiento se ha ido articulando un conjunto de experiencias y de convicciones raciovitales donde vida y razón han ido entrelazándose y condicionándose poco a poco recíprocamente. Razones, argumentos existenciales, obra y vida se tornan relato donde los argumentos o las pruebas inferenciales y demostrativas objetivas no se dan sin la intrahistoria de una subjetividad que les otorga relevancia, y donde cualquier decisión futura adquiere el carácter de recuerdo activo a la vez que de proyecto futurador.

De este modo, el pensar se constituye en un vivir mediado por una sucesión de elecciones raciovitales, a la par contexto de descubrimiento y contexto de verdad. Así pues, desde la más tierna infancia,

> una vez se ha ido formando esta progresiva intercompenetración entre deseo y conocimiento, el proceso creyente va articulando las razones de credibilidad (que responden a los signos de credibilidad) y el asentimiento de fe (don y tarea al mismo tiempo). Dicha relación es un movimiento en espiral que nunca acaba de cerrarse del todo, pues siempre está vivo, y parte de la historia personal que va concretando el deseo cada vez más abierto, gracias a un conocimiento interno de ella. Entonces la convicción de fe pregunta a la razón por la verdad de aquella historia, y la razón pregunta a la convicción de fe sobre el sentido de la misma historia. La razón pregunta por el sentido de la convicción, y la convicción pregunta por la verdad de la razón. Este movimiento no se cierra nunca. Los signos de credibilidad, que se traducen en razones de credibilidad, van orientando la abertura del deseo, el cual cristaliza en una convicción mediante el ejercicio de la libertad. Tal convicción supera la fuerza orientadora de los signos de credibilidad, y, al superarlos, éstos desvelan un sentido que no ofrecían previamente a la

decisión de la convicción. Leídos desde la convicción, tales signos dicen más que antes. Cuanto más enraizada está la convicción, tanto más hablan los signos, pero menos funcionan como razones lógicamente necesarias. Más bien funcionan como confirmaciones efectivas de la decisión que ha dado lugar a la convicción. Una cosa, por tanto, es considerar tales razones (signos) antes de la decisión, otra cosa es considerarlos después de la decisión (elección) tomada (lo que se podría hacer conforme al primer tiempo de elección) y otra cosa es considerarlos en plena elección, haciéndose.

Puede ocurrir que, en la medida en la que la convicción va penetrando todo el ser de la persona que o vive en ella o de ella, vaya decreciendo la necesidad lógica de las razones. Sin embargo, a más convicción, también hay más necesidad vital de comunicación. A dicha necesidad –no lógica, sino vital– responden las razones de credibilidad de una convicción afirmada, poseída, decidida y elegida. Frente a una yuxtaposición entre razones (entendimiento) y convicción (libertad), frente a una separación entre razones y decisión, frente a una absorción de la decisión en las razones o de éstas en aquélla, planteamos aquí una relación –que nunca se acaba, pero que tiende a simplificarse– entre un orden y otro. Entre la dimensión mística de la convicción de fe (don recibido) y las dimensiones plurales que la hacen razonable (dimensiones ética, política, cultural, etc.) no hay ni separación ni yuxtaposición, ni absorción de la una en la otra. Hay una relación hermeneútica.[4]

De confianza.

NECESIDAD DE CONFIANZA EN LO QUE SALVA

La confianza en lo divino se traduce siempre en vinculación, en re-ligación o en religión, y entonces en inextirpable confianza, como viene a decir Octavio Paz:

> Reducida a sus elementos más simples, la experiencia religiosa original contiene tres notas esenciales: el sentimiento de una totalidad de la que fuimos cercenados; en el centro de ese todo

[4] F. Manresa, *Ejercicios espirituales y teología fundamental*, Sant Cugat del Vallès, Cuadernos Cristianisme i Justicia, Barcelona, 19, 1991, pp. 49-50.

viviente, una presencia (una radiante vacuidad para los budistas) que es el corazón del universo, el espíritu que lo guía y le da forma, su sentido último y absoluto; finalmente, el deseo de participar en el todo y, simultáneamente, con el espíritu creador que lo anima.

Efectivamente, han pasado los años y los siglos y, a pesar de todos los vaticinios en contra, la necesidad de con-fianza en lo que salva permanece. Aunque resulte lamentable, pasarán los Beatles, lo mismo que ha pasado el comunismo ortodoxo al que no pocos suponían confiable roca firme para la humanidad venidera, pero lo que no pasa es la necesidad de dar sentido y confianza a la vida; dicho de otro modo, también hoy una gran parte de la humanidad sigue experimentando la suprema necesidad de confiar en que Dios exista para de este modo poder confiar en que la vida de cada cual tiene un último sentido. Hablar de confianza es hablar de presencia última de sentido, un sentido último que da sentido a mi vida inmediata.

Se viva como se viva, esa necesidad existe, ya sea movida por la finitud del hombre, ya sea despertada por iniciativa del mismo Dios, o por ambas cosas a la vez. ¿De qué está tejida la naturaleza de semejante hombre re-ligado, religioso, que se deja interpelar por la llamada de Dios, a diferencia del irreligioso que nunca sintió semejante llamada? Está tejida del hilo inconsútil de la confianza radical. Ahora bien, si la necesidad de confiar en Dios no es inventada por el hombre, es porque Dios mismo se abre camino en el corazón humano para hacérsele presente posibilitando su confianza: Él toma la iniciativa y habla. Si Él no hablara, ¿cómo sería posible explicar el comportamiento de multitudes que dicen haberle escuchado y confiado en Él, y de otras que aún continúan a la escucha y perseveran en la inmutada confianza?

Mas, ¿por qué entonces personas instaladas en la finitud de lo «penúltimo»[5] afirman no necesitar confiar en Dios, es decir, en «lo último», para nada y en ningún momento? Si lo divino no existiera, ¿cómo entonces llamar *humano* a quien se dejara seducir por lo supuestamente inexistente? ¿No habría que tildarle de ignorante, crédulo y carente de ilustración por confiar en lo irreal? Por el con-

---

[5] *Cfr.* X. Zubiri, *op. cit.*

trario, si lo humano está configurado por lo divino existente y realísimo, ¿cómo no tildar de inhumano a quien no confía en lo divino, cómo no decir que la re-ligación presenta pocas dificultades a los humildes, muchas a los orgullosos, e insuperables a los vanidosos que sólo confían en su propio vano vacío?

Por todo ello, únicamente a un pesimista como Ciorán se le pudo ocurrir escribir esto:

> De todo lo que nos hace sufrir, nada tanto como la decepción nos produce la sensación de que alcanzamos por fin lo Verdadero... No tengo fe, afortunadamente. Si la tuviera, viviría con el temor constante de perderla. Así, lejos de ayudarme, no haría más que dañarme.

¿Seguro? ¿No ocurre más bien que es el temor a perderla lo que le lleva a no querer reconocerla, al menos a no querer abrirse a su llamada ya presente? Rascad en el pagano y hallaréis al «creyente» convicto; a veces también sucederá a la inversa. Sea como fuere, Dios salva de continuo a muchos que jamás le devuelven el saludo. Aunque el hombre no confíe en Dios, Dios confía siempre en todo ser humano. Hay que creer en alguien en su totalidad para concederle realmente la confianza en el detalle, y esto sólo lo puede hacer Dios.

¿Y LA DUDA?

Como ya lo hemos dicho anteriormente, una cosa es la duda y otra la des-confianza del ateo que, diciendo no creer en nada, lo que quiere es que los demás crean como él y confíen como él: cuidado, pues, con las grandilocuentes profesiones de des-confianza del ateo, con tanta frecuencia cargadas de confianza... en la desconfianza. El propio Nietzsche, que lo sabía, no se cansaba de alertar al respecto: la gramática del ateo, decía, es irrenunciable teología, porque también la negación es una forma de afirmación, y muchas veces de afirmación absoluta, es decir, de afirmación de absoluto.

Pero, ¿ocurre lo mismo con el agnóstico, que ni afirma ni niega? Si el ateo se define como alguien que *es* ateo, por su parte el agnóstico podría ser definido como alguien que *está* en el alero de la confianza, unas veces confiando y otras desandando el camino de la confianza andada, en el móvil y variable campo de dudas que es tierra de nadie. Como ya lo sabemos, para creer es preciso querer creer. Ahora bien, cuando dejamos que la duda desconfiada ocupe en nuestra vida el lugar que le corresponde a la fe comenzamos a hundirnos, pero cuando la fe ocupa el lugar que le corresponde a la duda comenzamos a volar.

Por otra parte, en las cosas del dudar las dudas no están tan claras, pues si no es grato alimentar la vacilación o la desconfianza, tampoco es grata una supuesta fe sincera que sin embargo no actúa en la dirección de la causa que dice profesar y confiar.

Tampoco se es creyente o confiante siempre del mismo modo; de alguna forma –digámoslo metafóricamente– «se está» creyente: hay sus más y sus menos en cada vida, sus días dulces y sus días amargos. Y lo mismo les pasa a los no creyentes o desconfiantes, que a veces están creyentes (de noche, un ateo cree más en Dios). En cualquier caso, si hay alguien que siempre es creyente del mismo modo, bendito sea Dios: quizá sea hacia allí a donde haya que mirar.[6]

De todos modos, aunque el buscador de Dios se queje de no encontrarle, sin embargo se sabe encontrado por Dios, que siempre confía en la alianza que Él mismo ha establecido con el hombre, tal como lo cantan los salmos judíos a lo largo de los siglos. Repitámoslos:

> *¿A dónde iré yo lejos de tu espíritu,*
> *a dónde de tu rostro podré huir?*
> *Si hasta los cielos subo, allí estás tú,*
> *si en el scheol me acuesto, allí te*
> *encuentras.*
> *Si tomo las alas de la aurora,*
> *si voy a parar a lo último del mar,*
> *también allí tu mano me conduce,*
> *tu diestra me aprehende.*[7]

Los salmos nos sitúan ya en el terreno de la oración, que es, como ya lo sabemos, un ámbito privilegiado para expresar la confianza o para pedirla al Dios que pacientemente espera esa oración, a la vez súplica y alabanza.

---

[6] Expone los valores religiosos un cristiano. Un budista los expondría de otro modo, aunque con muchas coincidencias. *Cfr.* mi *Manual de historia de las religiones*, Desclée de Brouwer, Bilbao, 1997.

[7] Salmos, 138.

4

Confianza y oración

PEDID

Hay quien deja de confiar en Dios para confiar o creer en cualquier cosa, pero Dios habla dejando que todo hable de Dios. He aquí una serie de bellas sentencias de Maximiliano Calvo en esa dirección:

- A quien busca a Dios no le sirve que le den muchas ideas y razones acerca de Dios; sólo le sirve que le den a Dios.
- Cuando quiero atrapar el viento se me escapa, cuando quiero detener la vida se me escapa; cuando quiero abrazar a Dios se me adelanta.
- Dios nos dice muchas menos cosas de las que le atribuimos, y muchas más de las que creemos.
- El mayor problema que muchos podemos tener para conocer a Dios es creer que ya lo conocemos.
- Un adorador es aquel que desciende desde las honduras de la vida hasta las alturas de Dios para encontrarse con Él; luego vuelve a sus honduras y repite incesantemente el camino hasta el día de la adoración sin retorno.
- El hombre busca a Dios porque lo necesita; Dios busca al hombre porque lo ama. Dios no nos buscaría si no nos hubiese encontrado ya antes.
- Nos alegramos cuando comprobamos que el Señor nos ha liberado de algo, pero pronto comprobamos que aparece algo de nuevo de lo que también tendrá que liberarnos.

- El hecho de no entender muchas cosas en nuestras relaciones con Dios no es un problema tan serio como no aceptar que no podemos entenderlo todo.
- Cuando tengas que elegir entre dos caminos, elige el camino del corazón: el espíritu busca, el corazón encuentra.
- Las conversiones a medias tal vez paralicen el pecado, pero no lo cambian. Cuanto más profundas sean las grietas de nuestro corazón, más posibilidades tendremos de conversión.[1]

DIOS SABE LO QUE NECESITAMOS ANTES DE QUE SE LO PIDAMOS

Como ya lo vimos, en todas las páginas de la *Biblia* se encuentra presente la afirmación de que Dios nos conoce desde la eternidad, y nos cuida, y es fiel, y funda toda confianza:

> Cuando Israel era niño, yo le amé; y de Egipto llamé a mi hijo... Yo enseñé a andar a Efraím, los tomé en mis brazos, mas ellos no comprendieron que yo los cuidaba. Los conducía con cuerdas de humanidad, con lazos de amor... Sanaré su rebeldía, los amaré generosamente, pues mi ira se ha apartado de ellos. Seré como el rocío para Israel, florecerá él como el lirio y echará sus raíces como el Líbano.[2]

Sin embargo, no son pocos los que olvidan estas convicciones bíblicas básicas. En efecto, en la vivencia común y concreta, en el modo de predicar, rezar o celebrar la liturgia, e incluso en el modo de hacer teología de muchas gentes pasivas, no entusiastas, desconfiadas, todo procede como si ellas fuesen las activas y las preocupadas, las que tienen que conquistar la salvación. Conquistarla ante un Dios "en el cielo", que nos amaría, pero que en la efectividad vivencial aparece más bien pasivo hasta que logramos moverle con nuestras súplicas, conquistarle con nuestras obras y sacrificios, conseguir su perdón con nuestras penitencias e incluso ablandarle con la ayuda de nuestros intercesores. Por eso también manda y prohíbe, pre-

---

[1] *Cfr. Espíritu y palabra*, Narcea, Madrid, 1995. He leído a este autor gracias a mi amigo Jacobo Cano.
[2] Oseas, 11.

mia y castiga, reserva para sí un espacio de nuestra vida –lo sagrado– y nos deja a nosotros el resto –lo profano.[3]

Sin embargo, la confianza que la oración introduce no puede proceder del orante; en realidad, se trata de algo que es esencial por ser elemental: tomar en serio la absoluta primacía del Dios que nos ha creado y nos está creando por amor, única y exclusivamente por amor. No es verdad que «Dios está en el cielo y tú en la tierra»; al contrario, Dios está siempre aquí, entre nosotros: en el hombre y en la mujer, en la tierra y en la historia. Está como iniciativa absoluta, siempre en acto: como el que sostiene y promueve, salva y perdona, llama y suplica. Y en Él y desde Él, el hombre y la mujer son, ante todo, íntima y radical pasividad, como suscitados y convocados; también, desde luego, activos en cuanto entregados a sí mismos; por lo tanto, activos sólo en cuanto libertades finitas, siempre indecisas entre la respuesta y la pasividad, entre la acogida y el rechazo, entre dejarse amar y salvar o cerrarse en la apatía y perderse en el egoísmo. De suerte que el movimiento fundamental, infalible, que no falla, es siempre el que va de Dios al hombre. El que falla y puede dormirse es el otro movimiento: el que va del hombre a Dios, quien por eso está continuamente tratando de suscitarlo, solicitarlo y sostenerlo.

SIN EMBARGO, LE GUSTA QUE LE HABLEMOS, QUE SE LO DIGAMOS

Así las cosas, si tú tuvieses un teléfono rojo con el que pudieras hablar directamente con tu Padre, ¿qué le dirías? ¡Pues díselo! ¡Tienes ese teléfono! ¡Es la oración!

Dios es alguien a quien se habla, no de quien se habla: mejor creer en Dios que sólo hablar de Él. Pues bien, hablar con Dios es la oración. Orar es hablar con Dios reconociéndole como tal desde el amor, es pedir como hijos: "pedid, y se os dará". Dios mira las confiadas manos limpias, no las llenas.

Ahora bien, aunque Dios lo sepa todo, tú pídele;[4] es bueno para ti cuando te sitúas en petición ante Él. Cuanto más te pongas ante Él,

---

[3] A. Torres Queiruga, *Fin del cristianismo premoderno. Retos hacia un nuevo horizonte*, Sal Terrae, Santander, 2000, pp. 14-15.

[4] *Cfr.* en este sentido, A. Torres Queiruga, *op. cit.*, pp. 66 y ss.

más cambiará tu petición, yendo progresivamente hacia la alabanza y la aceptación con-fiada.[5] Sí, es bueno hablar con Dios manifestándole honestamente lo que creemos que somos en el fondo de nuestra alma. Al abrirle nuestro yo, el propio yo se abre ante nosotros. Verdad es que Él conoce lo que necesitamos antes de que se lo pidamos y mejor que nosotros, pero no menos verdad es que a todo Padre le gusta que, aun así, le pidamos los hijos lo que necesitamos, sobre todo por el bien de los propios hijos.

No hay que preocuparse mucho por la forma de la oración; es suficiente con postrarse de rodillas. Hay pensamientos que son plegarias: en ellos el alma está arrodillada: «soy viejo y ya no puedo caminar, pero puedo arrodillarme», decía Paul Claudel. Hay que luchar como si todo dependiera de nosotros y ponerse de rodillas como si todo dependiera de Dios.

O se habla confiadamente con Dios, o nada: con un no Dios no se puede hablar. No es posible hablar con Dios como ateo antiteo: a un Dios inexistente no se le puede zaherir. Eso sí, todo lo que podamos decirle a cualquier prójimo podemos manifestárselo a Dios, nuestro prójimo más próximo porque Él quiere serlo. Es bueno decirle confiadamente a Dios lo que pensamos de Él y sentimos con Él, sea lo que fuere; por ende, también manifestarle nuestro enojo si es el caso, al modo como lo hace el niño pequeño con su madre: sabiendo que es su mamá al fin y al cabo, y que la mirada de una madre soporta cualquier espectáculo del hijo.[6] Por lo demás, manifestarse ante Dios sin veracidad ni confianza no sólo constituiría una grave forma de hipocresía (al modo de los amigos de Job), sino que tampoco vale para nada, ya que Dios sondea nuestros corazones y nos conoce.

Máximo, santo griego del siglo IV, comenzó a orar en el monte y se sintió feliz. Cuando el sol desapareció y las bestias salvajes aullaron en el bosque inhóspito, gritó durante toda la noche: «Señor Jesucristo, hijo de Dios, ten piedad de mí.» Vuelto

---

[5] *Cfr.* las obras de I. Larrañaga, Encuentro. *Manual de oración*, Talleres de Oración, México, 2000; Muéstrame tu rostro, San Pablo, México, 1998; *Sube conmigo*, San Pablo, México, 1998; *El pobre de Nazaret*, San Pablo, México, 1998; *El hermano de Asís*, San Pablo, México, 1997.

[6] *Cuix amo nican nica minomantzin?*: «¿Acaso no estoy yo aquí, que soy tu madre?» (Virgen de Guadalupe a Juan Diego).

el día, se dijo a sí mismo: «¡Ahora podré orar sin miedo!», pero sintió hambre y se le desataron los imperios del deseo carnal, debiendo rezar de nuevo para apagarlos. Y así sucesivamente: no había un solo instante, de día o de noche, por una cosa o por otra, en el que no tuviera que llamar a Dios en su auxilio. Luego, al cabo de 14 años, se le apareció el Señor, adueñándose de él en ese preciso instante la calma y la paz, disipándose asimismo todos los miedos y tentaciones: había comprendido que sólo el Señor salva. Por eso, ahora en paz, continuaba repitiendo sin cesar: «Señor Jesucristo, hijo de Dios, ten piedad de mí.»

ORAR ES EL CAMINO PARA CONFIAR

El momento más dulce del día es la oración, porque se habla con quien más se ama. Es curioso cómo cambian mis ideas cuando me pongo a rezar. Rezar es como gritar en voz baja; es ponerse confiadamente ante Dios para que pueda decirnos lo que siempre quiso decirnos pero no le dimos ocasión de decirnos. El fin de la oración no es tanto obtener lo que pedimos, sino hacernos otros. La oración es una lucha con Dios en que se triunfa con el triunfo de Dios. No se puede hablar de Dios sin antes hablar con Dios. Oración: lo que a menudo pedimos a Dios para que se haga nuestra voluntad. ¿Rezan pero no cambian? ¡Pues cómo serían si no rezaran! La oración debía de ser la llave del día y el cerrojo de la noche: es la respiración del alma. Pedir algo a Dios nos transforma poco a poco en personas capaces de prescindir de lo que piden. Rezar, hablar a Dios, con Dios, desde Dios. Los sabios sirven para algo, los santos para mucho, los santos sabios para todo. Santo sabio es aquel que cree que Dios le ama, y en esa confianza profunda permanece inmutado.

… Y SE OS DARÁ LA GRACIA: ESO BASTA

Pedid a Dios confiadamente, a tiempo y a destiempo, 70 veces siete, es decir, siempre. Así como nadie puede amar al Dios invisible sin amar al hermano visible, así tampoco nadie puede pedir al Dios invisible sin pedir también al hermano visible. Tres veces pidió solemnemente San Pablo a Dios que le quitase su «aguijón de la carne», algún padecimiento grave que tuviera, y otras tantas Dios le contestó: «te basta mi gracia»: me tienes a mí, y soy yo quien asume tus problemas; mientras yo esté contigo no temas nada, soporta tus cuitas porque más grande que ellas es mi gracia. Sin dificultades pero sin gracia no creerías en mí.

Ni siquiera al propio Cristo le ahorró el Padre la amarga cruz, pues Dios no es un quitapenas; el cáncer le duele igual al creyente que al no creyente, pero el creyente vive el dolor desde el horizonte de sentido que supone para él el amor de Dios.

Si el creyente, por el hecho de serlo, no juega al tenis mejor que el no creyente, ¿entonces para qué sirve la fe confiada? La fe que abre a la gracia es gratuita, pero no superflua: para nada *sirve* en el sentido pragmático del término, y por eso precisamente sirve para todo: para no confundir mi nada anonadadora con el Todo plenificador, para llenar mi nada del verdadero Todo, para decir al fin «pero no sea lo que yo quiero, sino lo que quieres Tú».[7]

PEDID SABIENDO QUE ANTES FUISTEIS PEDIDOS

Tampoco buscaríamos confiadamente a Dios si no hubiésemos sido previamente llamados a su encuentro por Él mismo, que puso en nosotros la capacidad de hallarle. El ser humano busca a Dios porque lo necesita; Dios busca al ser humano porque lo ama, como habíamos dicho. Ni siquiera en esto lleva el hijo de Adán la iniciativa. El Señor se nos adelanta; antes de que se lo pidiéramos ya Él nos había pedido su amor esponsal, mendigo desde el interior de su eternidad, mendigo del amor que nos llama desde dentro: «Mira que estoy a la puerta y llamo; si alguno oye mi voz y me abre la puerta, entraré en su casa y cenaré con él, y él conmigo».[8]

Quien desee orar habrá de permanecer despierto al modo de las vírgenes prudentes del Evangelio, quedar siempre a la espera

---

[7] Marcos, 14:36.
[8] Apocalipsis, 3:20.

de la voz que llamará a mi puerta quizá ahora mismo. A Dios corresponde el llamar, a mí el permanecer a la escucha. La voz del ángel que llama puede ser confundida con el rumor de las ráfagas del tiempo, y hay que afinar la vigilia para discernir entre la voz y los ecos del silencio, entre los pasos y los murmullos. La oración sirve para asegurar que estaremos despiertos cuando la luz salga y veamos al Bendito que siempre llega. Todo el mundo sabe por experiencia que la vida se va, pero pocos reconocen que la Vida nos está esperando. Cuando los cristianos nos quejamos de la oscuridad reinante en el mundo deberíamos pensar antes cómo estamos nosotros: ¿no se supone que somos la luz del mundo?

Dios se revela de día y de noche. Para Él no existen espacios ni tiempos prohibidos; éstos sólo los hay para el fariseo; por eso el sueño también será oratorio (oratorio es una cosa, oratoria otra), y la noche un santuario en que el Dios incansable nos visitará: mi inconsciente onírico se encontrará saturado de oración si, antes de dormirme confiadamente, confiadamente rezo. Quien sabe vivir el día como si fuera noche, sabrá vivir la noche como si fuera día. Para quien mora en Dios, todo su tiempo está más allá de los eones del tiempo, donde reina la confianza sin merma ni límite, en ese origen bueno que da origen al tiempo.

UN PEDIR QUE EN EL PRINCIPIO FUE SILENCIO PACIENTE

Mas, ¿cómo romper ese círculo vicioso según el cual hay que orar para ver el rostro de Dios, pero sólo se puede orar después de haber vislumbrado ese rostro? Rompiendo a orar, echándose a orar aunque nos parezca que no sabemos, aprender a aprender, orando para poder orar.

El despierto, también en el budismo, aprenderá a convertirse en paciente y silente vigilante. Como lo ha dicho Jean Lafrance,[9] el silencio de Dios es la realidad más difícil de sobrellevar al

---

[9] *La oración del corazón*, Narcea, 1996, pp. 22 y ss.

comienzo de la vida de oración, y sin embargo es la única forma de presencia que podemos soportar, pues todavía no estamos preparados para afrontar el fuego de la zarza ardiendo. Según el sufismo islámico, porque nada queda fuera de su voraz incendio, Dios es la herida de la Memoria, esa

> quemadura del Fuego que sólo la muerte cicatriza. Memoria incandescente e insufrible de haber perdido la Unidad Primera con su Raíz y sentir la imperiosa e indeclinable necesidad de recuperarla de nuevo. Esta es toda la dialéctica del sufismo: todo depende de la Memoria. No se comienza por aprender, sino por recordar. La Memoria es la raíz primera del sufismo, su suelo nutricio, su permanente tarea, su entera razón de ser. Bien lo sabía Absari cuando, rezando a Dios, proclamaba: '¡Dios mío! Tenerte presente en la Memoria es para mí la religión; amarte, el adorno; mirarte, la visión firme.[10]

Memoria también del Origen, divina iniciativa amorosa que se adelanta y precede. Así dice Bistami (muerto en 874):

> Me equivoqué al comienzo de mi experiencia; creí que yo le invocaba y héte aquí que Su invocación había precedido a la mía; pensé que yo Lo solicitaba y estimé que Lo amaba, y sin embargo es Él quien me había amado el primero y yo me figuraba que Lo adoraba mientras Él ya había puesto a mi servicio las criaturas de la tierra.

Y así el afgano Ansari (1006-1089):

> Para todo se busca primero y después se encuentra; a Él, al contrario, se le encuentra primero y después se Le busca. ¡Dios mío! Si ha sido buscándote como alguien Te ha encontrado, yo, sin embargo, Te he encontrado huyendo de Ti. Si ha sido mediante la búsqueda como alguien Te ha encontrado, yo he encontrado que eres Tú quien otorga la búsqueda. Tú mismo eres el camino que permite llegar a Ti. Tú eras al principio y serás al final. Dios mío, ¿cómo podría acabar el tormento de quien Tú eres el tormento? Quien está vivo gracias a ti,

---

[10] Esta cita y las siguientes de los místicos anfíes, junto con muchas otras, las encontrará el lector en el magnífico libro de Emilio Galindo, *La experiencia del fuego*, Verbo Divino, Madrid, 1994.

¿cómo podría morir un día?, ¿cómo podrá volver a su casa aquel cuya casa es el exilio? Señor, lo que siembra mi corazón es la esperanza de verte. La primavera de mi corazón está en el prado de Tu encuentro.

En fin,

> *Muéstrame Tu rostro, Tú, la llama,*
> *mientras Te acaricio; ni ayuno ni rezo*
> *mientras estoy contigo, mi culpa es oración*
> *si contigo no estoy, mi oración es pecado.*

Memoria de la ineludible exigencia de retorno. Volver constante, empujado por una nostalgia infinita «con el hambre dolorosa de Dios en la Memoria». Volver con la conciencia plena del que va hacia el nacer verdadero. Dice Rumi:

> *Vuela, vuela, pájaro,*
> *hacia tu país de origen,*
> *apresúrate hacia la fuente de la vida.*

Búsqueda iniciática, irresistible nostalgia de retorno, a la que pondrá palabras definitivas y acentos inolvidables la flauta de Rumi, flauta en donde pasa el soplo de Dios, porque ella reúne las dos bocas, la de Dios y la del sufí cuyo canto es el canto mismo de Dios, porque la Herida del Fuego ha dejado en las entrañas del sufí algo que no morirá jamás:

> *Como los montes somos, de Ti es en ellos el eco.*
> *Piezas de ajedrez somos, en derrota y*
> *victoria empeñados.*

Por moverse en la confianza radical,

los sufíes son los hombres de la Memoria. Ese es su kilómetro cero... Dios es en el sufismo Hontanar del ser del hombre, Hogar de sus lumbres, Río y Caudal que lo lleva de otra Orilla tan de dentro, Tatuaje imborrable, Dolencia oculta de todo su ser, Pregunta siempre abierta, Quemadura total, Escalofrío alucinante de la duda, Plenitud inundante sonándole dentro como se siente el mar desde lejos, Humilde y callada Vecindad en infinita lejanía, Raíz y Fruto de todas sus secretas nostalgias...

Es preciso aprender a sentarse, a no hacer nada delante de Dios, sino a esperar confiadamente y gozarse de estar presente ante el Presente eterno. Esto no es brillante, pero, si se persevera, irán surgiendo otras cosas en el fondo de este silencio e inmovilidad.

El camino para llegar hasta sí mismo, y de sí mismo hacia Dios, es a menudo muy largo y siempre precisado de confianza. ¿Tendremos que terminar envejeciendo? ¿Tanta paciencia necesitaremos para alcanzar por la oración la gracia de la oración? Tal vez, pero envejecer junto a Dios es permanecer siempre niño. En Oriente, en efecto, a cualquier monje se le llama *anciano*, aunque tenga 25 años, pues el ideal es llegar a viejo con luengos y albos cabellos sin perder la mirada del niño. Al lado de Dios podemos ser a la vez padres, adultos y niños en la tríada del tiempo. Decía Picasso que para llegar a pintar como el niño el adulto necesita mucho tiempo. Es verdad. Para que un adulto llegue a poseer los ojos del niño necesita el amor de caridad, que hasta cierto punto es más fácil de practicar que la esperanza, pues aquella, la caridad, se apoya en lo que se ve y se ama, mientras que ésta, la esperanza, vive únicamente de signos e indicios respecto de lo invisible; pero sobre ambas lo más difícil es la fe confiante, pues ella consiste en llegar a creer y a amar lo que no se ve en absoluto. Y esto puede llevar mucho tiempo y mucho silencio, toda una vida. Sin embargo, aunque pueda parecer mucho para el hombre, para la paciencia del Dios que nos mira bien predispuesto como a hijos suyos no cuenta el tiempo humano: esa es nuestra gran ventaja.

Desde ese silencio el creyente continuará rezando, no hasta que Dios escuche lo que le pide, como suele pensarse, sino hasta ser él mismo quien escuche lo que Dios le pide a él. Orar es escuchar cada vez más a Dios y menos a nosotros mismos. Tampoco se trata de decirle a Dios que le amamos, sino de recordar confiadamente que Él nos ama como sólo Él puede amar. Entonces el orante experimenta cierta plenitud, pues la oración se filtra por todos los poros de su alma para plenificarla, es la *plerofonía*. Si esta oración cesara, el mundo perecería al perder su sentido.

SILENCIO Y PACIENCIA SE TRADUCEN EN AMISTAD Y AGRADECIMIENTO

Un hombre no puede estar durante toda su vida luchando con el ángel; al final tiene que pedir la bendición del ángel mismo, como el propio Jacob, que cambia en última instancia la lucha por amistad, y la amistad por agradecimiento. Orar es agradecer a Dios que Dios sea Dios, porque sólo así puede el humano ser verdaderamente humano. Para que el corazón pueda ir cambiando su dureza tiene que pasar muchas horas a remojo en las aguas que corren por el río de la alabanza y la adoración, como dice Maximiliano Calvo.

Tampoco puede el creyente pedir fuerzas para enredarse en el yo clausurador. Tras el necesario «Señor, ven en mi ayuda (*Kyrie eleison*)» aprenderá a dar las gracias largamente porque Dios sea Dios, no con una sola postal –¡o incluso, peor aún, sin postal alguna!– en «compensación» por los millones de peticiones solicitadas y/o por los favores concedidos. En griego, todavía hoy, para dar las gracias se dice *eucharisto*. En la eucaristía damos las gracias porque Cristo parte con nosotros su caminar, porque parte el pan con nosotros, porque comparte su vida, y porque finalmente permite ser partido en la cruz por amor. Gracias, Señor, por la fragancia de tu amistad sobre mí derramada. En ella puedo confiar. Al principio parecía que únicamente yo te miraba, pero con el curso del tiempo comienzo a comprender que Tú me miras desde antes, y entonces comienzo a ser feliz mirando a los demás como Tú les miras desde tu eterno presente amoroso. Yo comienzo a ver (antes sólo miraba) porque Tú me ves, es decir, me amas; ahora sé que los ojos con que yo miro no son ojos porque veo, son ojos porque Tú me ves. Tú y yo juntos mirando en la misma dirección seremos insustituibles amigos y cómplices solidarios e inabatibles. *Nepsis*, alerta; *katanixis*, ternura. Como en el icono de Vladimir, la Virgen de la ternura, la madre sostiene al niño en brazos, los dos rostros se acurrucan uno al otro, y ambos nos miran.

Ahora el Dios en quien confío no es para mí una experiencia meramente intelectual, que siempre arroja un nombre común, un abstracto, por necesaria que sea la intelección, sino sobre todo un nombre propio: Tú, mi Señor. Tú y yo nos hemos «domesticado» en el sentido de *El Principito*: habitamos el mismo espacio (*domus*, tienda), la tienda de Dios. Y al descubrirte en lo que Tú eres para mí, Dios mío, conozco mejor mi propio nombre, aquel con el que Tú al crearme me llamaste desde tu eterna gracia y no por mi mérito. Esa amistosa confianza así surgida sólo puede apoyarse en el amor y en la misericordia tuya, mi Dios, mi roca, pues únicamente el amor es relacional, y donde hay amor no caben temor ni egoísmo. El secreto supremo del amor relacional es el nacimiento de Dios en el hombre, y el secreto supremo de la divinidad es el nacimiento del hombre en Dios. En Cristo, Dios se hace rostro, y el hombre a su vez descubre y arrostra su propio rostro.

Pese a la amistad con Dios, dentro del posible *éxtasis* que produce a los místicos más cercanos a Él (a su *enstasis*), no deja de producirse en todo creyente, como lo acuñara San Gregorio Niceno, una *epéctasis*, una fusión sin confusión, una añoranza no colmada: cuanto más nos llena Dios, más lejano nos parece; cuanto más le conocemos más desconocido lo encontramos, siendo el nuestro respecto de Él un conocimiento por desconocimiento: Dios es el siempre mayor, dice Gregorio Nacianceno:

> ¡Más allá de todo! ¿Cómo podría yo alabarte de otro modo? ¿Cómo podrá enaltecerte una palabra, si tú eres indecible en toda palabra? ¿Cómo podrá abarcarte una inteligencia, si tú eres inaprehensible a toda inteligencia? Innombrado tú solo: pues tú creaste toda denominación. Desconocido tú solo, pues tú creaste toda inteligencia. Todo, lo que habla y lo que no puede hablar, te alaba. Todo, lo que entiende y no puede entender, te honra. Pues las peticiones comunes, los ayes comunes todos, se dirigen a ti. A ti te implora todo. Viendo tus signos ¡todo te canta un himno silencioso! En ti solo permanece todo, hacia ti confluye todo. Tú eres la meta de todo, y uno, y todo, y nadie, no siendo uno ni todo. ¿Cómo te llamaré, único innombrado? ¿Qué inteligencia celestial llega hasta ti, velado tras las nubes? ¡Séme propicio! ¡Más allá de todo! ¿Cómo podría alabarte de otra manera?

Y añade:

> Respecto de Dios, de lo que es y habita en Él, el espíritu del hombre no puede pensar convenientemente lo que es, qué grandezas tienen

sus perfecciones y cuál es su naturaleza, ni la elocuencia del discurso humano es capaz de desarrollar un poder de palabra correspondiendo a su majestad. Pues es mayor que el espíritu humano capaz de comprenderle. Es asimismo superior a toda palabra e indecible. En efecto, si pudiera ser expresado sería más pequeño que la palabra humana, que así podría circunscribirle y encerrarle en ella. Todo lo que puede ser pensado de Él es más pequeño que Él. Pues es verdad que nosotros podemos sentirle un poco en silencio, pero no podemos expresar en palabras lo que es Él mismo. Si le llamas luz, te refieres a una criatura más que a Él mismo. Si le llamas majestad, cele-bras su gloria más que a Él mismo. ¿Para qué seguir detallando? Digámoslo de una vez: afirmes lo que afirmes de Él, cualquier manifestación de su poder, no es Él mismo. A menos que, de forma única, pudiésemos captar por el espíritu lo que es Dios, pero incluso eso mismo ¿cómo lo podríamos nosotros, cómo lo captaríamos, cómo nos sería permitido aprehenderlo? Nos representamos qué es lo que no puede ser aprehendido, lo que no puede ser pensado en su grandeza y en su naturaleza. Pero Dios es aquel al que pertenece el no poder ser comparado con nada.

Con este Tú que es a la vez un Él sólo es posible una relación confiada.

> *Entréme donde no supe,*
> *y quedéme no sabiendo,*
> *toda sciencia trascendiendo…*
> *y es de tan alta excelencia*
> *aqueste summo saber,*
> *que no hay facultad ni sciencia*
> *que le puedan comprender;*
> *quien se supiere vencer*
> *con un no saber sabiendo,*
> *irá siempre trascendiendo.*
>
> Juan de la Cruz

LA LLAMADA Y LA RESPUESTA

La persona religiosa aprende a comunicarse cada vez más confiadamente con Dios; primero le dirá cosas de sí mismo, y después le terminará diciendo cosas de Dios a Dios mismo. La oración del creyente incipiente es egocéntrica; la oración de Marcelino Legido es la que anuncia la mañana, la de antes de los pajarillos, pues quiere ser el primero que le cante a Dios su gloria. Simplemente alaba a Dios. Está entusiasmado (en Dios), ya no es Marcelino Legido aun siéndolo. Se encuentra en la última etapa del ascenso sin olvidarse de las gentes, pero situándolas y percibiéndolas desde Dios mismo. Estas personas te hacen sentir más persona a su lado, más noble, y sobre todo te hacen estar más cerca de Dios, aunque no más lejos de ti. Como decía Cayetano Hernández, el creyente está tanto más cerca de sí mismo cuanto más se haga a sí mismo un agujero donde quepa Dios. Para que Dios sea totalmente visible en nosotros, nosotros hemos de hacernos absolutamente transparentes y confiados. Transparentado Dios en nosotros, nosotros nos hacemos verdaderamente presentes en lo que somos. Lo mejor que puede pasarnos, pues, es ser lo que somos en Dios. Esto es lo grande en la oración de entrega total: morir al egoísmo para morar fiando en el Dios que creó el cielo, la tierra y las estrellas, amándome a mí amorosamente.

El grano de trigo tiene que morir, pero si muere ya no es él. Frecuentemente se hace una lectura hegeliana de ésta y similares parábolas, interpretando que el grano se conserva, que es la misma cosa mudada pero el mismo grano, el cual no muere, sino que resucita siendo el que era de otra manera. Ya no eres tú cuando eres más tú entregándote a Dios, cuando te vacías para llenarte. Y cuando resucitas lo haces en Dios, sin olvidar que se resucita poco a poco también en esta vida, o que se muere poco a poco asimismo en ella. Cuando intento ganar mi instinto yoico lo pierdo; pero, si lo entrego confiadamente a Cristo, entonces lo gano. Cuando como egoísta quiero vivir, muero; cuando como teísta quiero morir, vivo.

UN PEDIR CONFIADO, AUNQUE SEA DE NOCHE

Pero, ¿y si pese a implorar la amistad de Dios no lo logramos? Entonces hay que ser humildes, es decir, confiar en Dios, en que lo que nosotros no podemos sí lo puede Dios, y en que Dios confía en nosotros.

La humildad no consiste en valorarse poco o mucho a sí mismo, sino en mirar a Dios antes que a uno mismo, y en medir el abismo que separa lo finito de lo infinito. Así lo ve Job en el estercolero de su vida. Cabe tener miedo de los acontecimientos, e incluso de nosotros mismos, pero no de Aquel que dirige los acontecimientos, ni pensar que lo que nosotros no podemos no lo pueda tampoco Dios.

> Y, cuando te hayas vuelto así hacia Dios, no vuelvas más sobre ti mismo. No te preguntes dónde estás con respecto a Dios. La tristeza de no ser perfecto y de encontrarse pecador es todavía un sentimiento humano, demasiado humano. Es preciso que levantes tu mirada más arriba, mucho más arriba, a Dios, a la inmensidad de Dios y su inalterable esplendor. El corazón puro es el que no cesa de adorar al Dios vivo y verdadero. Se interesa profundamente por la vida de Dios y es capaz, en medio de todas sus miserias, de vibrar con la eterna alegría de Dios. Un corazón así está a la vez despojado y colmado. Le basta que Dios sea Dios. En eso mismo encuentra su paz. La santidad es ante todo un vacío que se descubre y se acepta, y que Dios viene a llenar en la medida en que nos abrimos a su plenitud.[11]

¿CUÁNDO ES MÁS DE NOCHE?

¿Cuándo es más de noche? Cuando más desconfías del buen Dios. Cuando la rana, deseando hacerse como el buey, se hincha, y explota. Cuando para perseguir el ideal de santidad realizo esfuerzos éticos agotadores que hacen penosa mi vida y que además no tienen gran valor a los ojos de Dios; antes al contrario, pueden constituir un pecado de lesa autolatría: Dios no nos ha llamado a ser buenos, sino a ser santos; lo importante no es hacer cosas para Dios, sino hacerlas según Dios. No nos pase como a aquel caballero de la armadura oxidada, que de tanto hacer obras buenas se volvió malo:

> Nuestro caballero era famoso por su armadura. Reflejaba unos rayos de luz tan brillantes que la gente del pueblo juraba haber visto el sol salir en el Norte o ponerse en el Este cuando el caballero partía a la

---

[11] E. Leclerc, *Sabiduría de un pobre*, Marova, Madrid, 1975.

batalla. Y partía a la batalla con bastante frecuencia. Ante la mera mención de una cruzada, el caballero se ponía la armadura entusiasmado, montaba su caballo y cabalgaba en cualquier dirección. Su entusiasmo era tal, que a veces partía en varias direcciones a la vez, lo cual no es nada fácil. Durante años el caballero se esforzó en ser el número uno del reino. Siempre había otra batalla que ganar, otro dragón que matar u otra damisela que rescatar. Con el tiempo, el caballero se enamoró hasta tal punto de su armadura que se la empezó a poner para cenar y, a menudo, para dormir. Después de un tiempo ya no se tomaba la molestia de quitársela para nada. Poco a poco, su familia fue olvidando qué aspecto tenía sin ella.[12]

Al final, cuando quiso quitársela, ya era tarde: la armadura se había apoderado de él.

¿Cuándo es más de noche? Cuando creo que debo amar primero a los hombres y luego a Dios, pero eso no sirve para nada, pues nadie es tan perfecto como para merecer amor incondicional, ni tan fuerte como para entregarlo si no recurre más que a la propia buena voluntad. Si, por el contrario, empiezo por amar a Dios sintiéndome amado incondicionalmente por Él, en este amor encuentro a mi prójimo, y en ese amor los antiguos enemigos son mirados y amados como criaturas divinas. Entonces, cuando miro al otro desde ahí, para él también es de día.

¿Cuándo es más de noche? Cuando tenemos un encuentro con los sacramentos sin encontrarnos con el Señor de los sacramentos. ¿Cuándo es más de noche? Cuando la luz de la razón pretende sustituir a la fe, olvidando a San Benito, el cual, preguntado por un sacerdote romano sobre el misterio de la Trinidad, balbucea llorando: «La Trinidad, no sé... no sé... pero es grande... ¡muy grande!» Recordemos que el hecho de no entender muchas cosas en nuestra relación con Dios no es un problema tan serio como el hecho de no aceptar que no podemos entenderlo todo.[13]

¿Cuándo es más de noche para ti? Díselo al señor de la luz, y tu alma quedará iluminada. Su luz es más fuerte que tu cruz.

---

[12] R. Fisher, *El caballero de la armadura oxidada*, Obelisco, Barcelona, 1998. La antítesis de este caballero sería el de Italo Calvino, *El caballero inexistente*, Bruguera, Barcelona, 1975.

[13] Para éste y otros hermosos pensamientos contenidos en este trabajo, *cfr.* M. Calvo, *op. cit.*

Ahora bien, la cruz del creyente no es vivida como suya propia, aunque le duela, sino como cruz referida a Dios. También al creyente le duele el dolor, pero le duele en Cristo. No tenemos derecho ni siquiera a nuestro dolor. Estamos vacíos de nosotros mismos si nuestro dolor no nos llena en Cristo. Cuando la nuestra es la cruz de Cristo crucificado por amor a los demás y para que los demás se salven, compartimos los dolores de Cristo y somos herederos de su resurrección. La cruz es una experiencia desde cuyo lugar confiamos en que Dios sepa qué hacer con nuestro dolor, dolor que en última instancia ponemos en las manos divinas con un nuevo y renovado *sí* a su amor, precisamente en medio de ese dolor que parece alejárnoslo.

¿Cuándo es más de noche, en definitiva? Cuando menos confías en quien es la eterna Luz del día. Entonces es la noche sin aurora, que cae sobre el esclavo del fondo de la caverna.

Salgamos, pues, de la caverna; no tengamos miedo a la luz que es la libertad, confiemos en el Señor:

> No andéis preocupados por vuestra vida, qué comeréis, ni por vuestro cuerpo, con qué os vestiréis. ¿No vale más la vida que el alimento, y el cuerpo más que el vestido? Mirad las aves del cielo que no siembran, ni cosechan, ni recogen en graneros y vuestro Padre celestial las alimenta. ¿No valéis vosotros mucho más que ellas? Por lo demás, ¿quién de vosotros puede, por más que se preocupe, añadir un codo a la medida de su vida? Y del vestido, ¿por qué preocuparos? Aprended de los lirios del campo, cómo crecen; no se fatigan, ni hilan. Pero yo os digo que ni Salomón en toda su gloria se pudo vestir como uno de ellos. Pues si a la hierba del campo, que hoy es y mañana va a ser echada al horno, Dios así la viste, ¿no lo hará mucho más con vosotros, hombres de poca fe? No andéis, pues, preocupados diciendo: ¿Qué vamos a comer? ¿qué vamos a beber? ¿Con qué nos vamos a vestir... Así que no os preocupéis del mañana: el mañana se preocupará de sí mismo. Cada día tiene bastante con su inquietud.[14]

---

[14] Mateo, 7:25-34.

GRACIA Y MÉRITO

Así pues, ¿confianza en Dios, confianza en el hombre, confianza en el hombre sólo desde Dios? Nosotros hemos optado por la confianza basada en Dios, la cual potencia la confianza en el hombre. En cualquier caso, la historia de esta cuestión es tan antigua como la misma historia del pensamiento. Recordemos tan solo que ya Sócrates preguntaba a Eutifrón si es justo y confiable un acto por estar ordenado por los dioses, o si, por el contrario, está ordenado por los dioses y por ello es justo y en consecuencia confiable. Eutifrón se adhiere a la primera alternativa alegando que la piedad es lo que resulta querido a los dioses y la impiedad lo que no les resulta querido.

Desde otra perspectiva, y diez siglos después, se vuelve a lo mismo. Frente a Pelagio, San Agustín, al plantearse la cuestión de si cabría el bien moral sin la gracia, afirmaba que el hombre que se sitúa fuera de Cristo se sitúa asimismo fuera del hombre y, por lo tanto, fuera de la confianza básica humana, aunque a lo más pueda cumplir la ley natural. Más tarde, ya en el siglo XIII, el propio Santo Tomás asegura que existen virtudes naturales verdaderas aunque imperfectas, pero que, en última instancia, sin la gracia de Dios el hombre llega a ser capaz de llevar a cabo el bien moral, aunque con grandes dificultades y a niveles bastante pobres, toda vez que el peso del apetito inferior resulta tan fuerte que malogra hasta las intenciones más nobles, pues «no hago el bien que quiero, sino el mal que no quiero».[15]

Por su parte Tomás Moro (1478-1535) pone en los habitantes de *Utopía*, entre quienes se cultiva la tolerancia y el pluralismo religioso, la exigencia de tres verdades: la inmortalidad del alma, la existencia de Dios, y la sanación en el más allá con premios y castigos, desconfiando así de que el ateo pueda hallarse en posesión de la moral suficiente como para cumplir las leyes civiles, y creyéndole más bien, por el contrario, dispuesto a quebrantarlas si de ello se derivase algún beneficio, en línea de aquello tan célebre que más tarde afirmara Dostoyevski: si Dios no existe entonces todo está permitido, es decir, en nada podría depositarse la menor confianza.

[15] Romanos, 7:19.

El propio Kant, ya en el siglo XVIII, después de fundar una ética autónoma, es decir, tras optar por una confianza sita en la mera razón humana, no puede por menos de terminar añadiendo honestamente que, aun así, cree razonable esperar en el más allá definitivo la sanción correspondiente a nuestras acciones si Dios existe, si nuestra alma es inmortal y si hay sanciones eternas. Si tales condiciones se dan, entonces el ser humano podrá respirar hondo y confiar, pues su vida alcanzará sentido pleno y definitivo.

En la misma línea, por fin, se mueve Max Horkheimer en lo referente a la idea de que la mente del hombre no puede soportar la idea de que el criminal triunfe para la eternidad sobre su víctima, demandando por ello un más allá en que las injusticias perpetradas reciban su pena y las padecidas su compensación, un más allá radicalmente confiable.

Por su parte, los creyentes no deberían discutir si ellos son, o han sido, o habrán de ser en la historia mejores o peores que los increyentes; la cuestión es muy otra. En efecto, para un creyente lo que está en juego no es el prometeísmo del «yo soy mejor que tú», sino el deseo de caminar hacia el amor reconociendo el pecado y compartiendo el perdón que reinstaura la auténtica confianza. El creyente se reconoce en los pequeños, pues todo hombre es pequeño al necesitar ser amado y grande para alabar lo Grande de donde el Amor brota, fuente de toda confianza.

Tanto el calvinismo, que desconfiaba de la autonomía y la libertad humana, como el pelagianismo, que sólo confiaba en los méritos humanos para alcanzar la salvación (voluntarismo de la gracia autocreada, del mérito humano), se situaron fuera de la confianza divina que funda la confianza humana, pues la gracia de Dios no borra ni la libertad ni la autonomía humana; nada sin la gracia, pero nada igualmente sin la libertad humana. La gracia sin obras sería vacía, las obras sin gracia serían ciegas; la gracia sin naturaleza resultaría tan extraña al humanismo cristiano como la naturaleza sin gracia. El conflicto entre autonomía y teonomía es un seudoconflicto, porque lo humano-real es la autonomía teónoma. El hombre se halla ordenado a Dios, cuya acción viene al encuentro del hombre para transformarle y conferirle la eterna beatitud convirtiéndole en deiforme, volviéndole sobre su origen, y haciendo reaparecer en él la imagen y semejanza de Dios que se hallaba borrada por el pecado que conlleva la ruptura de la confianza.

¿Y entonces el mérito humano, la confianza en las obras del hombre mismo? Naturalmente que hay mérito en el agente social agraciado, en aquel que trabaja profesionalmente bien y vive su trabajo gratuitamente enraizado en la caridad que brota del amor; en el excelente, en suma, y así hay que reconocérselo y agradecérselo sin escatimar ningún gesto privado ni público; pero sin olvidar que en última instancia al final de la jornada hasta el mejor agente no pasará de ser mero «siervo inútil», porque todo el amor, todo el testimonio, todo lo bueno proviene del Dios que agracia con su gracia que nosotros agradecemos confiadamente.

Cuando esto se olvida, donde Dios erige una casa de oración el diablo se construye siempre una capilla; y, si miramos bien, comprobaremos que ésta tiene devotos más numerosos.[16]

GRACIA BARATA (FALSA CONFIANZA) FRENTE A GRACIA CARA (CONFIANZA ACTIVA Y RESPONSABLE)

Pero, claro, sería excesivo decir que la única Iglesia que alumbra es la que arde; sin embargo, no han faltado casos de quemadores de iglesias sólo confiados en su iconoclastia que luego parecen convertidos en devotos confiantes en Dios. No diremos nosotros que semejante situación no sea posible; lo que sí sorprende es que quienes no han confiado en Dios en la vida digan que desean uno a la hora de morir, y sobre todo que lo digan pero no hagan nada que demuestre esa con-fianza, es decir, que no respondan activamente a la confianza supuestamente proclamada.

---

[16] *Cfr.* Tirso de Molina, "El condenado por desconfiado", en *Piezas maestras del teatro teológico español*, II, BAC, Madrid, 1996.

En todo caso, ¿es sincera una fe que no actúa en respuesta a la confianza que dice agradecer y en la que proclama basar la propia vida? Podríamos dudarlo. Dietrich Bonhöffer, un pastor protestante que fue ejecutado en un campo de concentración nazi en el año de 1945, distingue al respecto entre la «gracia barata», aquella que entiende falsamente lo gratuito como lo superfluo, es decir, aquella que dice confiar en el Dios que salva pero no responde activamente a esa confianza, y la «gracia cara», donde lo gratuito se traduce en confianza activa y, por lo tanto, en testimonio de vida, pues el testimonio es el único signo verdaderamente confiable. Por este motivo afirma Dietrich Bonhöffer que la gracia barata es el enemigo mortal de nuestra Iglesia. Hoy, dice él, combatimos a favor de la gracia cara.

La gracia barata sería, dice Bonhöffer, la gracia considerada como una mercancía que hay que liquidar; es el perdón malbaratado, el consuelo malbaratado, el sacramento malbaratado, la gracia como almacén inagotable de la Iglesia; es la gracia sin precio que no cuesta nada. Porque se dice que, según la naturaleza misma de la gracia, la factura ha sido pagada de antemano para todos los tiempos; gracias a que esta factura ya ha sido pagada podríamos tenerlo todo gratis. La gracia barata es la gracia como doctrina, como principio, como sistema. Quien la afirma poseería ya el perdón de sus pecados; la Iglesia de esta doctrina de la gracia participaría ya de esa gracia por su misma doctrina.

En esa Iglesia el mundo encuentra un velo barato para cubrir sus pecados, de los que no se arrepiente y de los que no desea liberarse. Por eso la gracia barata es la negación de la palabra viva de Dios, es la negación de la encarnación del Verbo de Dios. La gracia barata es la justificación del pecado y no del pecador arrepentido. Puesto que la gracia lo haría todo por sí sola, las cosas deberían quedar como antes. El mundo estaría justificado por gracia; por eso el cristiano habría de vivir como el resto del mundo. La gracia barata es la predicación del perdón sin arrepentimiento, del bautismo sin disciplina eclesiástica, de la eucaristía sin confesión de los pecados, de la absolución sin confesión personal. La gracia barata es la gracia sin seguimiento de Cristo, la gracia sin cruz, la gracia sin Jesucristo vivo y encarnado.

Frente a la gracia barata, que habla de confianza pero no responde a ella, y que por lo tanto no puede ser verdadera gracia ni verdadera confianza, frente a la gracia barata, continúa Bonhöffer, la gracia cara es el tesoro oculto en el campo por el que el hombre vende todo lo que tiene; es la perla preciosa por la que el mercader entrega todos sus bienes; es el reino de Cristo por el que el hombre se arranca el ojo que le escandaliza; es la llamada de Jesucristo que hace que el discípulo abandone sus redes y le siga. La gracia cara es el Evangelio que siempre hemos de buscar, son los dones que hemos de pedir, es la puerta a la que se llama. Es cara porque llama al seguimiento, es gracia porque llama al seguimiento de Jesucristo; es cara porque le cuesta al hombre la vida, es gracia porque le regala la vida; es cara porque condena el pecado; es gracia porque salva al pecador arrepentido. Sobre todo, la gracia es cara porque le ha costado cara a Dios, porque le ha costado la vida de su Hijo –«habéis sido adquiridos a gran precio»– y porque lo que ha costado caro a Dios no puede resultarnos barato a nosotros. Es gracia, sobre todo, porque Dios no ha considerado a su Hijo demasiado caro con tal de devolvernos la vida, entregándolo por nosotros. La gracia cara es la encarnación de Dios. La gracia cara es la gracia como santuario de Dios que hay que proteger del mundo, que no puede ser entregado a los perros; por lo tanto, es la gracia como palabra viva, palabra de Dios que él mismo pronuncia cuando le agrada. Esta palabra llega a nosotros en la forma de una llamada misericordiosa para seguir a Jesús, se presenta al espíritu angustiado y al corazón abatido como una palabra de perdón. La gracia es cara porque obliga al hombre a someterse al yugo del seguimiento de Jesucristo, pero es una gracia el que Jesús diga: «Mi yugo es suave y mi carga ligera.»

Quien vive esta gracia dice: "he comprendido que las promesas de Jesús son verdad. Todo esto quiero trasmitirlo en nombre de Jesús: trasmitir la alegría que llevo dentro, la confianza definitiva que me inhabita.[17] Ahora, con ella, sólo necesito una casa para amar, una empresa para trabajar, una escuela para aprender, un hospital para curar, y una iglesia para rezar".

---

[17] *Cfr.* D. Bonhöffer, *Ética*, Trotta, Madrid, 2000.

LA CONFIANZA VERDADERA ESPERA UNA RESPUESTA ACTIVA POR PARTE DE QUIEN DICE CONFIAR

La gracia recibida en la confianza pide testimonio:

>Son de sobra conocidas las reticencias que provoca la expresión "experiencia de Dios". Yo mismo las he sufrido cada vez que he hablado de este tema... Después de mi ordenación, varios amigos coincidieron en preguntarme qué se sentía "siendo cura". Al principio yo les respondía que me sentía a veces como un robot al que dirigían desde lejos. Me ocurrían cosas que no acertaba a expresar de otra forma. Por ejemplo, una tarde, cuando estaba a punto de comenzar la eucaristía en la parroquia, llamaron desde el Hospital Oncológico provincial para ver si el sacerdote podía sacarles de un apuro, porque les había fallado el sacerdote que se había comprometido a celebrarla allí con los enfermos. No lo pensé dos veces. Encargué a un niño que estaba jugando a la puerta de la iglesia que buscara al otro sacerdote para que me sustituyera en la parroquia, cogí el coche y me fui al "Onco". Por el camino se me ocurrió pensar que había actuado con demasiada precipitación. Podría ocurrir que no encontraran al otro sacerdote y "para vestir a un santo desvestía a otro". Pero, como la cosa ya no tenía arreglo, seguí adelante. Como otras veces, después de celebrar la eucaristía en el salón de actos del Oncológico, recorrí las plantas llevando la comunión a quienes no podían levantarse de la cama. Al regresar al salón de actos, estaba esperando una mujer joven llorando como una Magdalena. Me explicó que no había pisado la iglesia desde que salió del colegio –de hecho, estaba casada civilmente–, y aquella tarde, subiendo en el ascensor para visitar a su madre que estaba internada, oyó a unos enfermos que iban a misa y, sin saber muy bien por qué, les siguió. Algo le había impactado –no sabía si fue la homilía o el ver a enfermos como su madre participando en aquella celebración– y sintió la necesidad de reconciliarse con aquel Dios de su infancia que tan olvidado tenía. Quería confesarse allí mismo. Yo le dije que la confesión convenía madurarla un poco más. Estuvimos hablando mucho rato. Luego fue varias veces por la parroquia con su marido y acabó confesándose.

Yo pensaba: ¿quién me mandaría ir aquella tarde al "Onco" (porque, tal como temía, en la parroquia se quedaron sin misa; no encontraron al otro sacerdote). Y respondía que me sentía como "un robot dirigido desde lejos".

Pondré todavía un segundo ejemplo. Otro día, al salir de Madrid, recogí a tres auto-stopistas y, para mi sorpresa, nada más subir al coche, empezaron a decir burradas de la Iglesia y de los curas. Al cabo de un rato, corregí una información completamente distorsionada que tenían. Cuando, poco tiempo después, corregí una segunda información, uno de ellos comentó: "Oye, tú entiendes mucho de esto, ¿no?" Respondí con sencillez: "Sí, es que soy cura." Se produjo entonces un silencio embarazoso. Luego uno de ellos lo rompió para pedirme perdón –llamándome de usted, por cierto– por "haber hablado de lo que no entendían". Yo quité importancia al asunto, y en seguida empezamos a hablar de cuestiones religiosas en un tono completamente distinto. Al despedirse me preguntaron en qué parroquia estaba. A dos de ellos no volví a verlos nunca, pero el otro fue por la parroquia y acabó incorporándose al grupo de jóvenes. Y, cuando yo me preguntaba "¿quién me mandaría, precisamente aquel día, recoger a esos tres auto-stopistas" (porque no suelo hacerlo habitualmente), volvía a contestarme a mí mismo que me sentía "como un robot dirigido desde lejos".[18]

He aquí el mensaje o moraleja que podríamos obtener de estos ejemplos antecitados: «Vive con los hombres como si Dios te viera; habla con Dios como si los hombres te oyesen.»[19] Confía, pues, y actúa.

ASÍ EN LA TIERRA COMO EN EL CIELO

La confianza que se asienta en Dios se difunde en la Tierra, la que se abre camino en la Tierra llega hasta el cielo, tal como lo refiere el célebre relato que se recoge a continuación.

Cierto día un sabio visitó el infierno. Allí vio a mucha gente sentada en torno a una mesa ricamente servida. Estaba llena de

---

[18] L. González-Carvajal Santabárbara, *Los cristianos del siglo XXI. Interrogantes y retos pastorales ante el tercer milenio*, Sal Terrae, Santander, 2000, pp. 99-101.

[19] Séneca, *Epístolas morales a Lucilio*, Aguilar, Madrid, 1981.

alimentos, a cual más apetitoso y exquisito. Sin embargo, todos los comensales tenían cara de hambrientos y el gesto demacrado. Tenían que comer con palillos; pero no podían, porque eran unos palillos tan largos como un remo. Por eso, por más que estiraban su brazo, nunca conseguían llevarse nada a la boca. Impresionado, el sabio salió del infierno y subió al cielo. Con gran asombro, vio que también allí había una mesa llena de comensales y con iguales manjares. En este caso, sin embargo, nadie tenía la cara desencajada; todos los presentes lucían un semblante alegre, respiraban salud y bienestar por los cuatro costados. Y es que allí, en el cielo, cada cual se preocupaba de alimentar con los largos palillos al que tenía enfrente.

El límite máximo de la confianza se llama *santidad*, ese fiarse incondicional ante lo Absoluto, que hace buena a la realidad, buena y querible, fiable, amorosa. Y todos estamos llamados a la santidad, que lisa y llanamente vendría a coincidir con la madurez desde el punto de vista psicológico. El límite máximo de la santidad y del equilibrio mental es la confianza incondicional que sabe discernir sin frivolidad y descansar donde realmente merece la pena, no en cualquier sitio, pues eso sería bobaliconería, es decir, patología y perversión de la confianza, que es exigente.

El límite contrario, el mínimo, es la apostasía, el abandono de la santidad, es decir, el recurso a las propias fuerzas para salir del atolladero, como el célebre barón de Münchhausen, empeñado en salir de la zanja en que había caído tirándose de los pelos de su coleta.

En resumen: si, como lo hemos venido diciendo, la confianza, lejos de destruir la confianza humana, la funda, y si, lejos de despotenciarla, la hace posible, entonces lo que cumple ahora examinar es precisamente la confianza humana capaz de destruir el temor.

MÁS ALLÁ DEL TEMOR

Cuando se está sólidamente asentado no hay lugar para el temor, algo que se traduce en lo contrario cuando la confianza se evapora.

Hoy, asentados en el filo de la duda y de la desconfianza de todos contra todos, se teme la mundialización que impondrá el inglés. Sin embargo, quien lo lee desde la confianza lo ve de otro modo; en efecto, el modelo de globalización confiada en el triunfo del bien podría ofrecerlo San Pablo, él mismo todo un mundo global, pues nació en Persia en una familia judía que hablaba griego y latín, que leía la Torá en hebreo, que vivió en Jerusalén, y que viajó mucho con pasaporte romano llevado por la fe confiada en Dios.

Miremos las cosas, pues, desde otra perspectiva. Veamos. Pobreza absoluta de la madre a la cabecera de su hijo: no posee nada, pues el niño es todo y ella no lo posee. Riqueza absoluta del niño cuidado por su madre a la cabecera: posee la confianza incondicional en su madre; mientras ella esté allí, es de día y seguirá siéndolo para él por los siglos de los siglos.

Y por lo mismo, es confianza agradecida, alabanza, gratuidad, tal como lo hemos venido cantando algunos con Joan Baez:

> *Gracias a la vida, que me ha dado tanto;*
> *me dio dos luceros, que cuando los abro*
> *perfecto distingo lo negro del blanco,*
> *y en el alto cielo su fondo estrellado,*
> *y en las multitudes, el hombre que yo amo.*
>
> *Gracias a la vida, que me ha dado tanto;*
> *me ha dado el oído, que en todo su ancho*
> *graba noche y día grillos y canarios,*
> *martillos, turbinas, ladridos, chubascos,*
> *y la voz tan tierna de mi bien amado.*
>
> *Gracias a la vida, que me ha dado tanto;*
> *me ha dado el sonido y el abecedario,*
> *con él las palabras que pienso y declaro,*
> *padre, amigo, hermano y luz alumbrando*
> *la ruta del alma del que estoy amando.*
>
> *Gracias a la vida, que me ha dado tanto;*
> *me ha dado la marcha de mis pies cansados;*
> *con ellos anduve ciudades y charcos,*
> *playas y desiertos, montañas y llanos,*
> *y la casa tuya, tu calle y tu patio.*

Gracias a la vida, que me ha dado tanto;
me dio el corazón que agita su marco,
cuando miro el fruto del cerebro humano,
cuando miro el bueno, tan lejos del malo,
cuando miro el fondo de tus ojos claros.

Gracias a la vida, que me ha dado tanto;
me ha dado la risa y me ha dado el llanto;
así yo distingo dicha de quebranto,
los dos materiales que forman mi canto,
y el canto de ustedes, que es mi mismo canto,
y el canto de todos, que es mi propio canto.

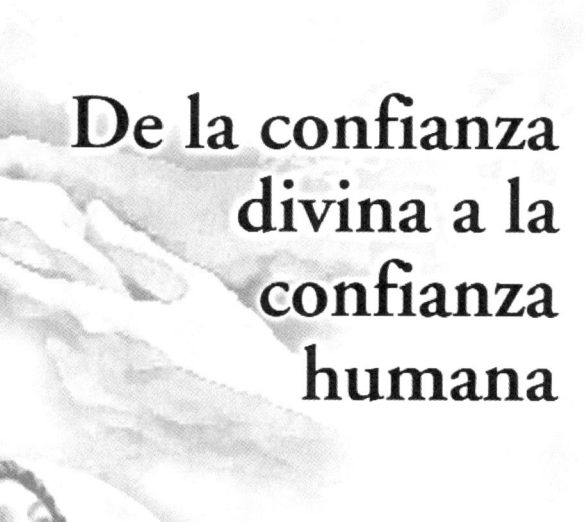

5

De la confianza divina a la confianza humana

LA CONFIANZA QUE NACE DEL ALMA

Imagen de Dios, el ser humano es confiable. Quien está lleno de entusiasmo creador se encuentra también lleno de confianza. El artista que tiene confianza en su obra, que ama su trabajo, plasma en papel, barro, lienzo, piedra o arena aquella causalidad que ideó en su mente antes que en la realidad, la causalidad formal y fontanal de su inspiración creadora. Pero sólo se idea(liza), sólo se confía, sólo se cree de veras aquello a lo que uno está dispuesto a mirar a la cara, aquello por lo que uno está dispuesto a trabajar, incluso a morir. «¿De qué sirve que el entendimiento se adelante, si el corazón se queda?», se pregunta Baltasar Gracián. Cuando se anticipa vivencialmente una experiencia se la acerca al propio yo, y eso exige una sintonización emocional. Pocas cosas movilizan más los recursos humanos que los sentimientos, torbellino y turbina máximos a pesar de su control inteligente, y por eso pocas cosas crean más confianza en los niveles profundos de la personalidad.

Sentimientos diferentes producen visiones y expectativas diferentes sobre la misma cosa vista. Desde su labilidad (todos sabemos que en cinco minutos de conversación se puede cambiar varias veces de sentimientos y, por lo tanto, de actitudes y enfoques), cualquier estado de ánimo se inventa y reinventa cuando se confía en lo que se está haciendo; por su parte, un corazón urgido por las mismas solicitaciones –un corazón empático– entiende mejor aquello que contempla. Todo esto es una experiencia común: aprendemos matemáticas mucho más fácilmente si nuestro profesor o profesora nos acogen y cuidan con solicitud, y eso significa que enseña más quien ama más, y que aprende más quien más ama. Si las demás personas confían en nosotros, aprendemos más: es el denominado *efecto Pigmalión*. Hasta las ratas maltratadas salen peor y con más dificultades del laberinto. La empatía antealudida abre los ojos del ciego y los oídos del sordo. Por todo ello, desproveer del sentimiento cálidamente confiado a la razón es castrarla, pues no se entra a la verdad si no es por el amor, de ahí que sea preciso enseñar a racionalizar los afectos sin castrarlos, pues fuera del orden de los afectos no hay orden en los valores ni en las virtudes.

Al propio tiempo, hay que desacralizar confianzas que no emergen del alma enamorada y que sólo son costumbres momificadas, inercias que se traducen en dogmatismos y en fobias. Una confianza que no se renueva es una desconfianza, es decir, algo que se torna rancio e inservible.[1]

Si algo es realmente valioso debe ser amado por el alma, pues lo valioso nada tiene en común con las costumbres o ritos o tradiciones de agua pasada, ni con inertes ideas platónicas indiferentes a mí. Por eso cuando lo veo conculcado siento irritación, cuando ejercido, cómplice alegría, y cuando aún no realizado, interpelación, incitación a trabajar por ello: ante una violación de una niña no hace falta ser Don Quijote de la Mancha para decir «eso

---

[1] Con esto no quiero decir demagógicamente que toda habituación sea reaccionaria, y mucho menos que creatividad y habituación se contrapongan siempre, pues eso depende: hay casos en que la creatividad se hace hábito, y entonces nos encontramos ante el genio; hay otras en que, por el contrario, ciertas habituaciones terminan con la genialidad que hubiera podido darse al comienzo para pervertirse en manierismo. Discrepo, pues, de quienes al estudiar el proceso de creatividad contraponen:

Hábito = repetición,   creatividad = cambio.
Hábito = lo conocido, creatividad = novedad.
Hábito = lo seguro,   creatividad = riesgo.
Hábito = lo fácil,   creatividad = dificultad.
Hábito = lo inercial, creatividad = esfuerzo.

no debe ser» y reaccionar. Sólo por esa actitud activa pudo Sancho Panza comenzar a confiar en su maestro.

¿Se confía en lo valioso porque es valioso, o es valioso porque se confía en ello? Es bueno porque confío en ello y confío en ello porque es bueno. Para quien valora los automóviles sólo como medio de transporte ellos resultan útiles (grado inferior del valor); sin embargo, para quien los ame más que a su novio o novia la cosa cambia. Lo valioso, pues, va vinculado a la posición del valorante, aunque no se reduzca a ella.[2] El tiempo puede alterar las valoraciones, las convicciones y las confianzas: un adolescente con vocación pacifista puede terminar queriendo ser becario de la OTAN y de su lema «si quieres la paz prepara la guerra».[3] Lo valioso exige aprendizaje y discernimiento, por eso dentro de 15 siglos continuará habiendo conflicto de valores, a pesar de mis libros. Muchas apostasías y defecciones axiológicas surgen de haber imaginado paraísos perfectos, inmutables y definitivos en la Tierra. Llevados entonces de una reacción pendular, hacemos como la zorra de la fábula: ya que no puedo alcanzar las uvas, las desprecio: «como no todo, entonces nada».

¿Hará falta decir que no hay confianza sin asentimiento, sin compromiso en una misma mirada, sin comunión en lo que amamos? Mientras todo eso permanece vivo, la confianza brilla con su incandescente luminosidad.

LA FORMA DE SENTIR CONTAGIA CONFIANZA

«No se me ocurre nada», dice aquel cuya mirada perdida resbala sobre las superficies: ¿qué grado de confianza profunda puede despertar en las gentes de fuera alguien que no tiene nada dentro? Cuando vas y ves y ahí termina todo, cuando con-

---

[2] *Cfr.* P. Valadier, *La anarquía de los valores*, PPC, Madrid, 1999, p. 190.
[3] No es broma: 42% de los jóvenes españoles confían en la OTAN hoy. *Cfr. Jóvenes españoles 99*, Fundación Santa María, Madrid, 1999, p. 39.

viertes tu mirar en frívolo miradero y resultas incapaz de algún miramiento con lo mirado, entonces tampoco ves, tampoco se te ocurre nada, sólo fantaseas, o ni siquiera eso, únicamente curioseas, pues ver exige un mínimo de solidaridad creativa:

> La lámpara del cuerpo es el ojo. Si tu ojo está sano, todo tu cuerpo estará luminoso; pero si tu ojo está malo, todo tu cuerpo estará a oscuras. Y, si la luz que hay en ti es oscuridad, ¡qué oscuridad habrá![4]

Qué oscuridad, es decir, qué desconfianza.

La convicción luminosa, siempre creadora, la convicción que se expande y funda confianza en quienes la reciben, primero se traduce en obras y luego sigue actuando de manera convincente, porque es capaz de obrar efectos sobre los demás, es decir, porque produce en ellos una fusión de horizontes, y por ello se ha dicho que hay un signo cierto e infalible para distinguir el arte creador de sus falsificaciones: el contagio artístico.

> Si un hombre, sin esfuerzo alguno de su parte, recibe en presencia de la obra de otro una emoción que le une a él, y otros han recibido al mismo tiempo una impresión igual, es que la obra en presencia de la cual se encuentra es una obra de arte. Y una obra que puede ser bella no es obra de arte si no despierta en nosotros aquella emoción particular, la alegría de sentirnos en comunión artística con el autor y con los hombres en cuya compañía vemos, leemos o escuchamos la obra en cuestión.
>
> La particularidad principal de tal impresión consiste en esto: en que quien la recibe se encuentra, por así decirlo, confundido con el artista. Le parece que los sentimientos que le trasmiten no proceden de otra persona, sino de sí mismo, y que cuanto el autor expresa, él mismo pensaba hacía tiempo expresarlo. La obra de arte verdadera suprime la distancia entre el público y el artista,[5] genera con-fianza al suprimir la desconfianza de la distancia.

---

[4] Mateo, 6:22 y 23.
[5] L. Tolstoi, *¿Qué es arte?*, Casa Editorial Maucci, Barcelona, 1902, pp. 175-177.

Todos sabemos que es una propiedad esencial del arte creador unir a las personas entre sí; la unión entre el virtuoso y el buen público produce en el alma un movimiento extático. Para la existencia de esa comunión extática hace falta un público con capacidad participativa; sin él se produce el vértigo, que es dependencia respecto de otro, sin relación campal o ambital, sin campo de juego donde se produzca la fusión. Cuando cien personas están tocando un concierto se encuentran en un estado que produce el milagro de que todas ellas sientan y piensen lo mismo; es como si la orquesta tuviese un pulmón colectivo por el cual toda la orquesta respira la música del mismo modo. Y, partiendo de que todos los músicos sean profesionales, eso de respirar la música al mismo tiempo con un pulmón colectivo es el director quien lo hace. No se puede maquinizar; ni siquiera se puede crear lo efímero, el sonido: cuando uno acaba de tocar, ese sonido se extingue, deja de existir, y un disco no es más que la reproducción de un sonido, un documento de lo que sucedió en el momento anterior a que el sonido se extinguiera. El sonido tiene con el silencio una relación muy similar a la de la ley de la gravedad. Para levantar una copa necesito cierta fuerza; pero una vez levantada, necesito invertir energía para que no se caiga: a eso lo denominamos generar una confianza necesaria.

Con el sonido ocurre exactamente lo mismo. Cada instrumento produce la energía para crear un sonido, pero si no continúo invirtiendo más energía en el sonido, todo cae en el silencio. Por eso podemos hablar de la elevación del silencio, si es creador; a lo que no nos acostumbramos es al peso del silencio sin más: si es inercial o mortalmente aburrido. Al silencio gozoso nos confiamos sin sentir el peso del tiempo; del silencio penoso todos huyen, pues ese silencio es una forma de enfermedad mortal. Aquel silencio contagia confianza, este silencio produce temor. No hay, no puede haber confianza verdadera que no se asiente sobre un alma llena de silencios sonoros, de armónicos creativos. Son ellos los que entusiasman, los que crean un clima de confianza entre el artista y su público a través de su creatividad, que incluso abarca los sonidos del silencio. Ahora, ningún silencio se repite, todo es nuevo, lo nuevo creado y lo viejo renovado: confiamos en el tiempo.

LA FORMA DE QUERER INFLUYE EN LA FORMA DE CONFIAR

Como se sabe, en los tribunales de la antigua Roma cualquier testigo afirmaba lo verídico de su declaración poniéndose la mano derecha en el bajo vientre sobre los dídimos o genitales a los cuales cubría púdicamente su vestidura, dando así a entender que decía la verdad «por mis éstos», debido a lo cual los mismos adquirieron el nombre latino, antecesor del español, de *testículos* ("pequeños testigos"). Machismos e historia aparte, lo cierto es que las realidades que suscitan confianza en nosotros se intuyen no sólo intelectualmente, tampoco de forma meramente afectiva, sino raciocordialmente; por eso, a veces siento que esto es o no es correcto, aunque sea incapaz de demostrarlo lógicamente:[6]

> El maestro dijo: "Cuando miréis la Luna tratad de ver la Luna y nada más." "¿Y qué otra cosa que no sea la Luna puede uno ver cuando mira la Luna?" Una persona hambrienta podría ver una bola de queso. Un enamorado, el rostro de su amada.[7]

A la larga, el obsesionado por huir del ratón lo ve antes que nadie, antes incluso de que aparezca, pues cada cual interpreta la realidad y le concede crédito o confianza de acuerdo con sus proyectos, y por eso no nos hacen sufrir las cosas, sino la idea que tenemos de las cosas. Existe, en suma, una relación estrecha entre el interés y el conocimiento; se ve sobre todo lo que interesa ver: para Napoleón la música resultaba ser el menos desagradable de los ruidos. En donde no media el interés tampoco aparece la confianza; donde se pierde el interés también se pierde la memoria.

---

[6] D. von Hildebrand, *El corazón*, Palabra, Madrid, 1997, pp. 105-107.
[7] A. de Mello, *La búsqueda*, Lumen, Buenos Aires, 1989, p. 23.

Las formas básicas de vinculación son aceptación y rechazo: uno proyecta una enorme cantidad de emociones agradables o desagradables en una persona y se encuentra estimándola o desestimándola, confiando o desconfiando de ella. Lo mismo ocurre con cada uno respecto de sí mismo. Verdaderamente, toda mirada creadora es un acto de fe confiada. Si tuviéramos eso que denominamos *fe* o *confianza*, contemplaríamos la flor antes que su brote. Sólo las personas capaces de liberarse de la tiranía perceptiva del campo de lo objetivo estimúlico, y susceptibles de explorarlo desde puntos de vista confiados en la propia dinámica interior, cumplen los requisitos precisos para una labor creadora, es decir, fiable para el creador así como confiable para el espectador o para los espectadores. Lo que vemos es más de lo que vemos, pues a lo visto hay que añadir la confianza con que lo miramos. La confianza es la cuarta dimensión de la mirada: nada ensancha tanto el campo perceptivo como una mirada confiada.

LA FORMA DE NECESITAR INFLUYE EN LA FORMA DE CONFIAR: ¿QUIÉN QUIERE COMPRAR LA CIUDAD DE ESTOCOLMO?

Ahora bien, si descubro en la obra del otro su llamada, si su creatividad pone en movimiento algo mío, algo que me lleva a confiar en él, es porque en el fondo lo que él me ofrece está respondiendo a alguna de mis necesidades, ya sean materiales o espirituales. Así como hay ciegos físicos y ciegos axiológicos, así también hay ciegos (o más bien cegados poco a poco) en cuanto al diseño de sus propias necesidades, hasta el punto de que ya no se sienten interpelados por las ofertas ajenas, obsesionados como están por sus propias rutinas y esclerosis. Si necesito un castillo, una cuadra de caballos, una avioneta, un harén y una legión de mayordomos, no estoy bien situado para ejercer la virtud de la templanza. Las personas con una jerarquía de necesidades muy insatisfactoria reconocen una escala de valores igualmente muy desatinada, y entonces suelen desenfocar sus confianzas, situándolas allí donde éstas no deben situarse: en lo que vale menos, e incluso en lo que daña más.

Familia, sociedad, cultura, también influyen en la configuración de la escala de necesidades y en el depósito de las confianzas. En efecto, muchas personas se vuelven inhumanas cuando, por los motivos que fueren, terminan dominadas por necesidades aberrantes, estúpidas o falsas. Hay quienes no salen de las necesidades fisiológicas, las menos personalizadoras, las más cercanas al mundo animal, aunque muy perentorias e ineludibles. Hay personas educadas en valores, pero de forma humillante, y terminan encerrándose en sí mismos y odiando los valores mal aprendidos; hay personas que en esta sociedad competitiva no logran desplegar las habilidades que poseen, porque las circunstancias sociales lo impiden; hay personas que achacan exclusivamente a su configuración psicosomática las alteraciones en el juicio sobre sus propias necesidades; hay personas que ignoran las necesidades espirituales, si bien admiran a los abnegados sin fronteras (misioneros, etc.), sintiendo la necesidad de ser misionero o visionario, pero de una forma sepultada. Pero la confianza en el desarrollo de la vocación de persona, de que podemos llegar a serlo, es lo que al final de la vida define la auténtica experiencia existencial. Ya sea por acción, ya por inacción, no pocas vocaciones posibles se frustran, desviadas por el peso de una pirámide de necesidades aberrante con la que hemos terminado pactando. La vida que al final asumimos es también resultado de la vida que no hemos sabido llevar si, después de pactar nuestras necesidades con el no-yo, luego elaboramos complicadas teorías para justificar ese no-yo: al final, el yo confía en el no-yo.

Sin embargo, nunca debemos dar nada por perdido: la forma de mirar puede devolver la luz a unos ojos ciegos, aunque sean los nuestros. Hay que tener confianza en ello haciéndose como niños. En efecto, como dice Gianni Rodari, cierto charlatán vendió Estocolmo a un barbero a cambio de un corte de pelo. El barbero colgó entre dos espejos el certificado que decía: «Propietario de la ciudad de Estocolmo» y lo mostraba orgulloso a sus clientes, respondiendo a todas sus preguntas: «Es una ciudad de Suecia, incluso la capital. Tiene casi un millón de habitantes y todos me pertenecen.» A fuerza de ahorrar, se presentó en su Estocolmo un día. La ciudad le pareció bellísima y los suecos muy amables, pero ni él les entendía a ellos ni ellos a él. «Soy el dueño de ustedes, ¿lo sabían?» Los suecos sonreían. ¡«Una ciudad tan grande por un corte de pelo, verdaderamente he comprado a buen precio!»

Pero se equivocaba, y le había costado demasiado cara. Porque el mundo es de los niños que llegan a él, y para tenerlo no hay que pagar ni un peso, sólo hay que alargar las manos y tomarlo.

LA NECESIDAD DE CONFIANZA EN UN YO PREVIO QUE EL YO POSTERIOR ANTICIPA

No sólo confiamos o desconfiamos de nosotros mismos, ya sea del yo consciente o del yo inconsciente; es que también pactamos con los demás, confiando o desconfiando de lo que ellos nos dicen que somos, es decir, construyendo nuestra propia identidad de acuerdo con ellos o en desacuerdo respecto de ellos. En efecto, como ha señalado el psiquiatra Carlos Castilla del Pino,

> la percepción futura, anticipada, predispuesta, de la realidad implica tanto percibir –encuentro lo que busco– cuanto no percibir, en función del proyecto de vinculación que el sujeto se traza.[8]

Existe, por lo tanto, una construcción anticipada o proléptica del yo en relación con el tú:

> Las más de las veces, y puesto que el contexto, en un grado mayor o menor, es imprevisible, el sujeto modifica el yo proyectado en la adopción de una estrategia de éxito. En pocas palabras, el yo no se improvisa, sino que se adapta de manera extremadamente flexible al contexto, de acuerdo con el propósi-

---

[8] C. Castilla del Pino, *Teoría de los sentimientos*, Tusquets, Barcelona, 2000, p. 56.

to de su actuación y con las posibilidades de éxito al respecto. Estos proyectos del yo son anticipaciones (*prolepsis*) del yo que se ha de representar, ensayos de yo.

¿Qué hace el yo con sus yoes previamente utilizados, o simplemente imaginados? Algunos de ellos no vuelven a usarse, porque no hay ocasión para ello, o porque no deben ser de nuevo utilizados. Se trata de yoes desafortunados. Otras veces, con mayor o menor eficacia, el sujeto trata de destruir esos estereotipos yóicos olvidándolos. Finalmente, otros se asumen y almacenan.[9]

Otras veces son yoes meramente fantaseados, propios del sujeto irreal, etc. Por si fuera poco, el yo adopta pautas de conductas diversas también según los yoes privados, públicos, profesionales, parentales, etc. Sea como fuere, nadie podría dudar que

> el éxito o el fracaso –con otras palabras, la eficacia o la ineficacia propositiva– de los yoes construidos se prueba en la interacción. Es lo que llamamos la prueba de la realidad. Los demás certifican, con su comportamiento para con nosotros, el éxito o el fracaso de nuestro yo social.
>
> Si tenemos en consideración que la construcción del yo es un proceso que se inicia como prolepsis de la actuación; que sobre la marcha, como resultado de la interacción misma, el sujeto modifica el yo y su actuación y la reajusta con el propósito de que el final sea exitoso; que el yo construido de antemano –el proyecto o prolepsis de yo– es aquel que el sujeto conjetura como el adecuado para su "teoría" de la situación por venir; que de la interacción yo/situación real surge el yo final, del que el sujeto dispondrá para eventuales situaciones ulteriores análogas, y al que el sujeto juzga como un objeto más (qué bien me salió el trato de ayer, qué estúpidamente me comporté anoche), y que, como decía James, ese yo de la actuación está en la mente de los demás, para los cuales se actúa, entonces es importante lo que pensemos y nos digamos de ese yo; pero más aún lo que piensen y digan los demás. La razón es obvia: las interacciones no cesan, y las que han de venir a continuación conferirán redundancia a tenor de las actuaciones pretéritas.[10]

[9] *Op. cit.*, pp. 262-263.
[10] *Op. cit.*, pp. 268-269.

NECESIDAD DE CONFIAR EN LA IMAGEN QUE EL OTRO NOS DEVUELVE COMO DEFINICIÓN DE NOSOTROS MISMOS

Así pues, el yo se hace de sí mismo una imagen para que el otro confíe en él y le acepte. Pero esta necesidad de confianza no se detiene ahí, va todavía más lejos: ese mismo yo espera que la imagen que el otro se ha hecho de mi propio yo le resulte confiable. En efecto, como nos lo recuerda Castilla del Pino,

> toda relación interpersonal ha de establecerse sobre la base de un pacto implícito mediante el cual la imagen que se ofrece al otro se construye a tenor de la que se ha construido uno de él. Dicho en otras palabras: en toda relación se ha de tener en cuenta quién soy para el otro y quién es el otro para mí.
>
> Denomino a este inicial punto de partida en la interacción "pacto de supeditación *ad hoc*", que, de incumplirse, conduce al fracaso de la relación porque es difícilmente reparable. Uno se supedita al otro, y le da lo que requiere de nosotros. Que sólo este pacto garantiza en gran medida el éxito de la relación sin coste alguno de orden psicológico lo revela el hecho de que ese otro, al que nos supeditamos de antemano, lo que requiere es que se le ofrezca su imagen previa de quién somos, sin que por ello, naturalmente, se prescinda de la imagen de él.
>
> Esto no se opone a que en el curso de la interacción no se deconstruyan o destruyan, quizá, las imágenes recíprocas previas y se construyan otras ajustadas al curso de la interacción misma; de aquí que, en ocasiones, se salga de una entrevista modificando la imagen previa forjada sobre el interlocutor: "Mira, creía que era..., y resulta que es..." La mayoría de las veces, y si la interacción no se prolonga, pueden conservarse las imágenes preexistentes. Pensemos en la interacción que tiene lugar entre dos personas de muy distinto rango social, pongamos el rey y un niño que va a ofrecerle un obsequio. Está claro que el niño requiere que el rey siga en su sitio, por decirlo así, pero no es menos claro que el rey se ha de supeditar sin dejar de representar su papel y demostrar su identidad a la imagen de él que el niño le ofrece. De no ser así, si el rey mantuviese determinada tiesura, exigible en otros contextos, la coartación sería inevitable y la relación se bloquearía.

En cualquier caso, la imagen que el otro nos devuelve es, como se sabe, una definición de nosotros mismos. Tras cada unidad interaccional surge la autopregunta imprescindible (se formule o no, se formula en situaciones especialmente relevantes, y en ocasiones incluso ante otros, por la indecisión ansiosa que suscita): "¿Qué le habré parecido a...?", o "le he debido parecer que...".

Toda interacción, pues, confirma o desconfirma la identidad: en el primer caso, somos al parecer (ante el otro) como pretendíamos ser; en el segundo caso, somos menos o más para el otro de lo que imaginábamos ser.

Esta segunda situación es la que nos interesa de modo especial para entrar luego en la relación de envidia. Si se nos define en más de lo que imaginábamos inicialmente ser, aparte la gratificación en forma de autoestima que de ello se deriva, aceptamos por lo general sin reticencia alguna esta imagen realzada (a veces no ocurre así, y nos vemos obligados a pensar, por la responsabilidad que se contrae, que el otro nos tiene en más de lo que somos). Por el contrario, si la definición nos rebaja, la relación suele ser de rechazo, por la necesidad de defendernos de la herida narcisista que ello nos depara.

Así pues, toda definición efectuada por los demás sobre uno se compara de inmediato a la definición que uno trató de dar de sí mismo, es decir, a la definición que uno esperaba obtener a partir de su actuación. Pero la comparación también se establece entre la que hacen de uno y la que hacen de los demás: ¿somos preferidos o somos preteridos?, ¿en qué lugar respecto a los demás se nos sitúa?

Nuestra autoestima sufre por el hecho de que se nos sitúe allí donde pensamos que no debemos estar, y más aún si se sitúa a otro en la posición que juzgamos que nos corresponde.[11]

LA NECESIDAD DE CONFIAR EN LO VALIOSO AJENO

Ciertamente, la confianza que uno tiene en sí mismo engendra la confianza de los demás en uno: la confianza facilita la conversación más que el ingenio. Y si, como deseamos, ha quedado bien

---

[11] *Op. cit.*, pp. 310-311.

clara la necesidad que todos tenemos de resultar confiables no sólo para nosotros mismos (de lo contrario careceríamos de la ineludible autoestima), sino también para los demás (sin la cual hasta la propia autoestima correría riesgos), igualmente ha de quedar claro que también nosotros mismos necesitamos por nuestra parte confiar en los demás. En realidad, con esto no estamos sino recalcando lo que ya habíamos comenzado afirmando en las primeras páginas de este libro, a saber, que la confianza es cosa de dos, fianza recíproca, con-fianza, y que cuando esta bilateralidad o reciprocidad falla, también la confianza se resiente. Somos yo-y-tú, tú-y-nosotros, y lo somos de una forma ineludible, de tal modo que ni siquiera vale afirmar, como lo hace Ortega y Gasset, que «yo soy yo y mis circunstancias»; antes al contrario, lo real es que «yo-soy-yo-y-mis-circunstantes», los cuales únicamente pueden ser personas. Las cosas y los animales son circunstancias; las personas son circunstantes porque forman parte de mi propia experiencia vital.[12]

Así las cosas, confiada es la persona que puede tener por ciertos los valores positivos de otras personas, por lo cual se alegra de la capacidad ajena para resolver problemas y de su buena disposición, pues de ese modo le gustaría que ellas por su parte también le reconociesen a sí misma. Al contrario que el suspicaz, que ve más fácilmente lo malo que lo bueno, el confiado tiene seguridad y mira con fe los aspectos valiosos de las otras personas y, por lo tanto, espera de ellas una conducta favorable hacia él o hacia los demás. La confianza puede ser fundamentada y constituir un rasgo positivo del carácter, o puede estar ligada con la ingenuidad y la ilusión. Al faltarle las bases para fundamentarse, se convierte en un punto vulnerable de la personalidad. Vivir sin confianza en nada hace la vida dolorosa e imposible; confiar en lo iluso es estar constantemente expuesto al engaño. Sólo la capacidad de crítica y de objetividad pueden darle a la confianza las bases de madurez que requiere.[13]

---

[12] *Cfr.* los cuatro volúmenes de mi obra *Soy amado, luego existo*, Desclée de Brouwer, Bilbao, 1999-2000.
[13] A. Hinojosa, *Definición y dinámica de los rasgos del carácter*, UNAM, México, 1986, p. 42.

Hay que reconocer sin miedo que cuesta trabajo aprender a confiar en un mundo que en no pocas ocasiones parece empeñado en revivir minuto a minuto aquello de «falsedad sólo dice cada cual a su prójimo, labios de engaño, lenguaje de corazones dobles».[14] La confianza, por el contrario, da la espalda a esas convicciones. Confiar es tener la certeza de que las promesas serán cumplidas; es adoptar una actitud positiva ante la vida, ante los demás; no es verles como un obstáculo en mi camino, sino como una ocasión para celebrar la fiesta de la vida; es descansar en ti, sin agobiarme en mí, propiciando un nosotros.

La vida es buena. Esta convicción es necesaria para pensar que cabe una posible felicidad, sea cual fuere su intensidad. El creyente refuerza y funda esta confianza en la convicción de que está en manos de Dios, creador de la vida: del saberse en buenas manos (o en buen cosmos) se deriva la "credentidad", el dar crédito a la realidad, la felicidad como fiducia.[15] Así las cosas,

> confiar es abandonarse al amor, dejarse amar y no preocuparse si uno no llega a amar tal como es amado; confiar es aceptar la fragilidad y limitación propia, aquello que no nos gusta sin detenernos en ello, pues detenerse en las propias sombras y limitaciones es aprisionar y abatir la propia confianza.[16]

LAS FALSAS CONFIDENCIAS

Pero la confianza es hija del tiempo y de la acción, de ahí que necesite de la perseverancia y de la honestidad para alcanzar su plenitud. Honestidad produce con-fianza (con-fe), deshonestidad desconfianza; por eso cuando la desconfianza llega, resuena la música y la letra del tango argentino: «Verás que todo es mentira, verás que nada es amor, que al mundo nada le importa...». O, con la letra española, el «tengo una vaca lechera», tango y tengo.

---

[14] Salmos, 12.
[15] *Cfr.* J. L. Ruiz de la Peña, *El último sentido*, Marova, Madrid, 1980.
[16] B. Bennassar, *Virtudes cristianas ante la crisis de valores*, Sígueme, Salamanca, 1995, p. 50.

Sin embargo, la astucia al servicio de la deshonestidad no es más que una pobre habilidad; cabe ser más astuto que otro, pero no más astuto que todos, y además quien trata de cubrirse con la astucia por un lado se descubre por otro. Lo que tanta acritud nos produce del astuto es que se cree más listo que nosotros; sin embargo, los astutos suelen salir triunfantes al principio pero perder al final, como lo han señalado los genetistas de poblaciones.

Las posibilidades y las modalidades de hacer trampas son casi infinitas; en lo que se refiere a su gradación, también caben muchísimas posibilidades. Un ejemplo tan solo en lo relativo a la confianza: confesar que se sabe un secreto es como traicionarlo a medias y, a veces, incluso descubrirlo del todo; por eso ciertos «confidentes» son la antítesis de la confianza, y por lo mismo pueden ser definidos del modo siguiente: confidentes son aquellos a quienes A confía los secretos de B, que le fueron confiados por C. Y así sin detenerse.

¡Vergüenza, pues, para las falsas confidencias, es decir, para la mentira, que destruye todo vínculo no sólo con el amigo, sino con la misma realidad! Si el moralismo disocia el ser y la realidad, la confianza rompe el moralismo, pues en el acto de la confianza el deber viene determinado por el ser. Mentir es abdicar del ser, mientras que decir la verdad es reflejar fielmente el ser, la realidad, lo que hay, sea lo que fuere, con imparcialidad y objetividad, sin novelería. La verdad parece hacerse en nosotros, la mentira está hecha por nosotros. La mentira es el estado de alerta y el insomnio, las construcciones imaginarias que hay que reconfirmar y reapuntalar en cada momento (un momento de despiste y el castillo de naipes se desmorona por su propio peso) para defenderlas contra los desmentidos de lo real, que con su obstinación tiende a afirmarse, con esa tozudez de los hechos, con ese peso de lo que hay. ¡Qué fácil es ser transparente y leal cuando se ha comenzado a decir la verdad, y qué complicado el mantenerse en la mentira, qué precaria su permanencia!

La mentira termina por confinarse en su propia soledad, rompe la confianza y el espíritu sodalicio; la mentira, como dijo Valéry, fabrica el pueblo de los únicos, la multitud de los solitarios; frente a ella, sólo la verdad puede decir *nosotros* confiada y universalmente. La mentira y la mendicidad llevan a la guerra, la verdad a la paz confiada: si quieres confianza, di verdad, o sea, házla: el poeta no escribe disertaciones sobre la verdad en sus poemas, la dice haciendo buena poesía. La verdad es el pan de los fuertes y de los que tienen futuro; la mentira es la carcoma de la fidelidad y de la confianza.[17]

Ciertamente todos, en cuanto entes particulares, estamos en principio sujetos a corrupción debido a la finitud de cuanto existe en el tiempo. Todo es corruptible: la inocencia de la niñez se pierde, los ideales de juventud se ven sometidos a procesos degenerativos, etc., pero sólo la mentira institucionalizada produce una sociedad científicamente corrupta. Y es que en el origen de la corrupción política mora la mentira, como nos lo advierte Gabriel Zaid desde México, país aún más corrupto que España, sin que por eso queramos casarnos con la corrupción española:

> La esencia de la corrupción política no está en el dinero mal habido, sino en la mentira que hace posible el poder como negocio. La simulación presenta como servidores públicos a quienes de hecho se sirven del poder como dueños privados, para beneficiarse o imponer sus ideas o su arbitrariedad. En el mejor de los casos, cuando las ideas son buenas y desinteresadas, la corrupción sigue estando en la simulación democrática: la misma que permite imponer malas ideas y hacer buenos negocios. La mentira disfraza de legalidad a los dueños de un Estado de derecho sujeto a excepciones negociables en privado. Por eso el Estado mexicano es un Estado corrupto: porque el derecho vale si las autoridades quieren. Si no quieren, no hay derecho que valga. La corrupción aparece con la mentira de que "todo poder público dimana del pueblo", etcétera.
>
> El poder impune necesita la mentira incuestionable: en los tribunales, en las cámaras (legislativas y de televisión), en la prensa, en las notarías, en los peritajes, en las encuestas, en los testimonios públicos respetables, en los libros de texto, en la

---

[17] *Cfr.* Tomás de Aquino, *Cuestión disputada sobre las virtudes en general*, EUNSA, Pamplona, 2000. También D. Bonhoeffer, *Ética*, Trotta, Madrid, 2000.

opinión pública nacional e internacional, en las complicidades amistosas y hasta en el silencio de los enemigos que prefieren los ajustes de cuentas en las sombras.

Afortunadamente, la mentira puede volverse cuestionable, como sucede ahora, bajo tres presiones: la escandalosa guerra interna del propio sistema, que destapó la cloaca y puso a la mentira en evidencia; la madurez de un sector creciente de la sociedad, que ya no teme cuestionar; y la impaciencia internacional. En esta situación, la corrupción política tiene los años contados, sin que cambie el género humano. Basta con un sistema en el cual las mentiritas y las mentirotas de las autoridades les resulten costosas, cuando no imposibles. Un sistema que excluya los actos de poder no publicables, los abusos o negligencias no castigables. Un sistema en el cual las autoridades estén sujetas a los ciudadanos y tengan que rendirles cuentas satisfactorias, y no al revés: en el cual los ciudadanos son de hecho súbditos de las autoridades, que conceden o no conceden la ley o la excepción, gratuitamente o no.

La corrupción como sistema de organización política resultó funcional en una etapa histórica de México, para acabar con la matazón y apaciguar a los generales («no hay general que resista un cañonazo de 50 000 pesos»). Pero no es funcional para el México moderno, y hace años que se volvió eliminable. La pudo haber eliminado el presidente Miguel de la Madrid, que se propuso encabezar la "renovación moral de la sociedad" y tuvo a su favor el apoyo social, pero se asustó ante los apoyos del poder tradicional. La pudo haber eliminado el presidente Salinas, que se propuso modernizar el país y no les tuvo miedo a los capos tradicionales, pero la vio como funcional para sus propios proyectos.

La puede eliminar el presidente Zedillo con actos relativamente pequeños, pero de grandes consecuencias. Por ejemplo: publicar sus declaraciones patrimoniales. Por ejemplo: aprovechar que su nombre salió a relucir en el extraño pago a Maseca de Conasupo, para apoyar la investigación de los diputados que han tenido el valor civil de cuestionarlo. El hecho mismo de que los presidentes han encabezado la corrupción política de México hace que esta corrupción se elimine más facilmente si el presidente pone la muestra.[18]

---

[18] *ABC*, 11 de octubre de 1996.

Proverbio kurdo: le dijeron al asno: «Vamos, te llevamos al cielo.» Y él preguntó extrañado: «¿Pero hay cardos allá arriba?» Un asno no puede imaginarse nada más que aquello que a él le gusta; por ejemplo, los cardos. Y lo que se dice del asno, dígase del corrupto.

EL MAL EJEMPLO DE DOS TRAMPOSOS DE LA LITERATURA CLÁSICA: EL LAZARILLO DE TORMES Y EL CIEGO

Desgraciadamente, los ejemplos perversos abundan hasta llegar a formar parte de la literatura universal, de la que constituye un expediente magistral el *Lazarillo de Tormes*, al que aludimos a continuación.

En cierta ocasión en que iban por los pueblos un ciego y su guía, alguien les regaló un hermoso racimo de uvas, que decidieron comer de una en una, y por orden: primero el ciego; luego Lázaro. En un momento dado, sin embargo, el propio ciego comienza a hacer trampa, y come de dos en dos.

Entonces Lázaro, que lo ve, en lugar de reprochárselo, decide comer de tres en tres. En ese momento el ciego se da cuenta:

–Lázaro, me has engañado: tú has comido las uvas de tres en tres.
–No, mi señor ciego, ¿por qué sospecha eso?
Respondió el sagacísimo ciego:
–¿Sabes en qué veo que las comistes de tres en tres? En que yo comí de dos en dos, pero tú callabas.

Moraleja: la capacidad de hacer trampas no conoce límites; la capacidad de degradar que la trampa introduce, tampoco:

Qué difícil es
cuando todo baja
no bajar también.

MACHADO

Así pues, no seamos nosotros como el ciego ni como el lazarillo; seamos nosotros siempre honestos, como el ciudadano de la historia que viene a continuación.

EL CIUDADANO HONESTO Y EL SULTÁN

Por fortuna, no todos son malos ejemplos, y así nos complacemos en relatarlo trayendo a colación este cuentecillo.

Harto el sultán de la deshonestidad de su país, y desconfiando de él, anunció que necesitaba un nuevo recaudador de impuestos. Aquella misma tarde la antecámara del palacio se llenó de gentes buscando tan apetecible empleo. Todos eran personajes con trajes elegantes, a excepción de un hombre con un traje vulgar y usado, del cual se rieron todos los demás. ¿Cómo iba el sultán a seleccionar a un pobretón?

El sultán ordenó a los pretendientes pasar de uno en uno por un corredor estrecho y oscuro, lo que les obligó a ir palpando con sus manos el camino. Al fin todos se reunieron.

Entonces el sultán pidió que bailaran animadamente. Todos, menos uno, bailaban torpemente, como si tuviesen los pies de plomo, porque habían llenado sus bolsillos con las monedas y las joyas que el sultán había ordenado poner en el corredor.

Moraleja: sólo el hombre pobre pudo saltar mientras bailaba, pues nada había robado y nada le pesaba; por eso fue elegido recaudador: era un hombre honrado. La honradez es el mejor tesoro posible, el más generador de estima y de confianza.

LA PERSONA FIEL PRODUCE FIDELIDAD EN LOS DEMÁS

Por fortuna, no son pocos los compañeros de viaje de la confianza, pero de entre ellos no puede faltar la fidelidad. De algún modo, quien dice *confianza* dice *fidelidad*, y viceversa. Confianza y confidencia, fe y fidelidad, todo pertenece a la misma *fides*, un solo y mismo crédito (*creditum*, del verbo *credere*, "creer"). Fidelidad y confianza son correlativos cuya relación interna y mutua (co-relación) está fundada en el postulado de la buena fe general: apuesto a que no abusarás ingratamente de mi confianza, a que no serás pérfido ni tramposo, es decir, a que no engañarás ni decepcionarás mi credulidad, las expectativas que deposito en ti.

La fidelidad inspira confianza, y nos ahorra –como dice Gabriel Marcel– eso de tener que estar pagando continuamente al contado. Donde hay confianza no hay sospecha, no hay mala fe. La incondicional (absurda, si se quiere) confianza del fiel tiene por lo menos una cosa muy buena: obliga de alguna manera a la fidelidad del que era infiel y a la confianza del que era desconfiado, produciéndose por ello una especie de emulación de la buena fe que es de este modo contagiosa y genera mutualidad. Dicho de otro modo, la persona fiel produce fidelidad en los demás disipando a su alrededor el escrúpulo solipsista y restaurando por todas partes esa confianza del corazón, esa fidelidad com-prometida. La fidelidad del fiel induce a la otra persona a merecer esa fidelidad suya a fin de no decepcionar su espera, a fin de nutrir el eco profundo de paz y de amistad así despertado, no echando a perder un bien tan precioso. De este modo queda roto el círculo de la desconfianza.[19]

Así pues, la antítesis misma de la incapacidad para crear vínculos estables, y por ende la auténtica posibilidad de producirlos, es la fidelidad. Quien se limita a una relación superficial no deviene mayormente capaz de fidelidades de altura y por eso, mientras fidelidad y entrega caminan juntas, en el otro extremo se dan la mano superficialidad, egoísmo e infidelidad:

> La historia de la comunidad humana es un juego de amor y azar. Veo en el nivel más bajo a los jugadores más mediocres, con sus asonancias consideradas grandes obras y sus incompatibilidades de humor que se transforman en montañas. Más arriba, las verdaderas personalidades que chocan entre sí porque no quieren distenderse e intentan guardar sus propiedades, ineptas para la renuncia mutua debido a la falta de prácticas de renuncia interior.

[19] *Cfr.* V. Jankélévitch, *Les vertus et l'amour*, I, Flammarion, París, 1986, pp. 145 y ss.

Arriba del todo, en fin, el amor que ha vencido al azar: el mundo de la fidelidad. La fidelidad no es, como sus falsificaciones baratas, una seguridad confortable o un gozo delicado de la pátina de los sentimientos. Es un humilde conocimiento del tiempo que se necesita para crear una comunidad, aunque sea de dos, y esto es algo que nunca se acaba. Este nosotros personal lentamente edificado es dispersado en cada instante por la materia en estados sin rostro, ella solicita los fervores despertados por él hacia la multitud anónima de sus tentaciones. Pero la fidelidad reagrupa perpetuamente su obra. No es un golpe de fuerza del presente sobre el porvenir. Es el desarrollo progresivo de un compromiso anudado más allá del tiempo capaz de monetarizarse. Sólo tiene sentido en un mundo que cree en lo eterno y se esfuerza hacia la perfección por encima del placer provisional; no sabría ser ella misma sino eternamente; puede ampliarse, pero, ¿cómo podría negarse sin negarme a la vez?[20]

Así pues, ¿la fidelidad por costumbre, por inercia? No. La fidelidad ha de estar sometida a la ley moral, y no la ley moral a la inercia. Por eso su duración supone amor, es decir, antítesis de la frivolidad, de la versatilidad, de la inconstancia, de la desmemoria, de la superficialidad, de la incoherencia, de la traición. Dicho de otro modo, la fidelidad es el esfuerzo de un alma noble para igualarse a otra más grande que ella. Más aún, en su calidad de instancia de seguimiento a lo que es profundo y a lo que es verdadero, fidelidad en última instancia es confianza, ese mantener bruñida incondicionalmente la alianza.

TODO LO QUE ES PROFUNDO, COMO LA CONFIANZA, PIDE ETERNIDAD

Así las cosas, ¿debo comprometerme para siempre a ser fiel, cuando ignoro el futuro con sus sorpresas? ¿No es esta promesa de fidelidad una atadura, un rasgo de misoneísmo? ¿No

---

[20] E. Mounier, "Revolución personalista y comunitaria", en *Obras*, I, Sígueme, Salamanca, 1992, p. 229.

sería eso una mezquina forma de optar por una inmutabilidad poco menos que imposible en el ser humano? ¿Tengo derecho a comprometerme con una fidelidad que no sé si voy a poder mantener? ¿Puedo prometer actuar en el futuro como si tuviese que seguir amando cuando el amor se agotara? ¿Podría actuar del mismo modo que actúo hoy si sintiera de otro en el futuro? ¿No tendría, por el contrario, que considerar valerosa a la persona que rompiese con vínculos perimidos, con seguridades y supersticiones burguesas, con muchos contratos sin alma? ¿No sería más patética la fidelidad sin alma que la infidelidad, que la ruptura de los lazos muertos? ¿Por qué ese abjurar de lo muerto habría de ser tomado como un perjurar respecto de lo vivo? ¿Por qué hablar de traición cuando no se traiciona al hoy? ¿Por qué el ayer con su recuerdo va a impedir el hoy con su nueva vida? ¿No resultan patéticas esas esposas fieles a sus esposos difuntos? ¿Acaso no parecen formas de hipnosis atadas a sus lazos póstumos, fantasmales?

La respuesta a tanta y tanta interrogante es sin embargo muy sencilla: para ser fiel hay que tener ganas de ser fiel, y nada puede reemplazar a este deseo de fidelidad, que dice así: constante para mí, fiel para la otra persona. La –si se quiere– enojosa fidelidad necesita de continua reanimación, debe ser indefinidamente puesta a salvo de las tentaciones de la infidelidad. La indefectible fidelidad superpone a los caprichos de la naturaleza instintiva una lógica propiamente humana, un orden amistoso con el que se puede contar, y que nos pone al abrigo de los caprichos lunáticos de la meteorología y del humor variable de cada día. Por el contrario, así como es fácil responder fielmente a la persona que nos es fiel, o a la verdad victoriosa, pues ésta siempre se encuentra en su camino muchos amigos, así también resulta mucho más difícil permanecer fiel a una verdad perdedora, a una causa difícil y de la que todo el mundo duda, cuando todas las expectativas están en contra de esa nuestra esperanza, cuando la verdad agoniza y el cielo está negro y nuestros hermanos sufren en el exilio, cuando los brutos se enseñorean de nuestro ideal, cuando la justicia parece abandonada por todos. Esa fidelidad en esas condiciones no sólo es meritoria, sino fidelidad absoluta, anticipo de la fe, e incluso puede ser la fe misma.[21]

Como podemos comprobar, la permanencia en la fidelidad y en la confianza sólo es problema para el sórdido utilitarista sin corazón, que sólo sabe usar y tirar, es decir, que toma a las personas como instrumentos a los que abandona cuando ya no necesita de ellos, y no como personas. Infidelidad y consumismo se besan, al consistir éste en una homogeneización anónima de las superficies, en un pasar sin detenerse que exalta el derecho sin el deber, el amor con abogados. Nadie tiene derechos sobre *Mister* Infidelio Consúmez: yo te compro, yo te vendo, yo te pago; fiel es mi perro, pero yo libre. La fidelidad es entendida como atributo perruno cuando la libertad se usa como perra herramienta inhumana.

Atando hoy vínculos que con toda probabilidad van a ser mañana desatados, renegando cínicamente de lo prometido antes, alianza del momento contra la alianza de ayer, ¿qué clase de promesa podría darse aquí sin burla? ¿Acaso no es aún peor que la fidelidad por contrato la versatilidad histérica, la infidelidad por principio, la mentira como norma de conducta, la frivolidad como pauta de comportamiento? Hay en la traición algo de desesperante y que nos hace dudar de todo: la condición fugitiva, la inasibilidad de lo real, la permanencia de la mentira, la victoria de lo que no debe ser sobre lo que debería ser. Y, al final, la tentación de Fausto: intentar que, a cambio de su alma, el diablo detenga el instante. Imposible quimera cuando sólo se sabe vivir en el instante.

Un amor infiel sería algo tan contradictorio como un círculo cuadrado, como la semiconfianza o la semiveracidad,

> pues el amor no conoce más que una medida, el máximo; no conoce más que un grado, el superlativo; una sola ley, el todo o nada. Y la fidelidad apasionada, eterna, fiel hasta la muerte, no es otra cosa que la forma temporal de ese máximo, de ese superlativo, de esa desmesura. El amor que quiere compartir su objeto con otros es forzosamente insincero; del mismo modo, un amor que, en el momento de amar, admite la eventualidad futura de su

---

[21] *Cfr.* V. Jankélévitch, *op. cit.*, pp. 153 y ss.

propia desafección no es más que una impostura y una figura retórica; un amor que, de entrada, decide amar hasta una fecha determinada y no más allá, no es más que una simple burla. Para quien no está sinceramente decidido toda dificultad nueva no es sino una objeción más, un obstáculo suplementario, un problema para resolver aparte, un pretexto para una ruptura o para un aplazamiento.

No. Amar y continuar amando confiadamente no son sino una y la misma cosa. En la medida en que es sincero, el amor es eterno y fiel por definición, es para siempre, y por lo mismo renuncia para siempre a otras fidelidades que no sean ésa... Sin fidelidad no tendríamos sino virtudes de infusorio y de protozoo. Subsistencia, persistencia, consistencia, resistencia, confianza: ¿acaso no designan estas cinco palabras, en medio de los humores banales, la roca firme de la fidelidad? Cada año la insoslayable resurrección de la primavera, cada año el misterio del renacimiento, cada año el prodigioso resurgimiento del renuevo nos lleva a una nueva fidelidad y a un nuevo descubrimiento de lo eterno: es el misterio de la emergencia y la dulzura de la continuación, es decir, la amistad, o sea, la diurna y confiante y familiar continuación, lo horizontal de la continuidad, lo esponsal.[22]

NO SER FIELES A LA INFIDELIDAD

¿Entonces la fidelidad por la fidelidad? Después de lo visto, también esto se contesta rápida y monosilábicamente: no. Los SS juraban fidelidad a Hitler, es decir, al crimen, al mal, y esa fidelidad miserable en nada se parece a la gran fidelidad, que sólo puede otorgarse a la fidelidad al bien.

LA CONFIANZA, VIRTUD PERSONALIZADORA

Según Martin Buber, cuando venimos de un camino y encontramos a un ser humano que llega hacia nosotros y que

---

[22] *Ibid.*, pp. 170-179.

también venía de un camino, nosotros conocemos solamente nuestra parte del camino, no la suya, pues la suya únicamente la vivimos en el encuentro.[23] En el mismo sentido J. L. Moreno, el psicólogo rumano creador del psicodrama, describe el encuentro interpersonal como

> un encuentro de dos: sus ojos frente a frente, cara a cara. Y cuando estés cerca yo tomaré tus ojos y los pondré en lugar de los míos, y tú tomarás mis ojos y los pondrás en el lugar de los tuyos. Y entonces yo te miraré con tus ojos, y tú a mí con los míos.

Por su parte, Carl Jung, uno de los más eminentes discípulos de Freud, llegó a decir en cierta ocasión que las personas recluidas en los manicomios nunca tuvieron a nadie dispuesto a escuchar las confidencias que tenían que contar: ¿estarían enfermos por eso? El ser humano es complejo: abarca aspectos biológicos, económicos, sociales, culturales, espirituales... pero ninguno es secundario; de aquí nace la imperiosa necesidad de tratar a las personas de manera totalizante. En el terreno de la salud mental importa mucho el sufrimiento, que equivale a tener un estado de ánimo de la carencia de algo fundamental. El sufrimiento es principio de curación y requiere un correcto acompañamiento en el que, además de la solidaridad y la justicia, se necesita mucha piedad y mucha caridad que generan compasión y posibilitan una auténtica empatía.

Ninguna experiencia de sufrimiento se suple con los tratamientos biológicos tan solo; la atención a esas personas requiere una asistencia que despierte esperanza: sin esperanza el sufrimiento es insoportable. El amor da esperanza y la esperanza engendra amor; sin esto, sólo cabe muerte, es decir, locura. La esencia de la ayuda consiste, ante todo, no en dar mi esperanza y razones de vivir, sino en despertar la esperanza básica y la confianza de la persona que sufre. ¡Qué necesitados estamos de cultivar la propia esperanza para poder ayudar, para recibir con-fidencias (con-fianzas) que nos sirven de asidero y de faro luminoso!

---

[23] *Cfr. Yo y tú*, Caparrós, Madrid, 1998.

Estamos hablando por vez primera de confidencias, pero, ¿qué es la confidencia? Confidencia es donación desde la complementariedad, donde el uno pone la palabra y el otro el oído, es decir, empatía, honestidad, respeto, escucha activa; por ello la confidencia es sinfonía tejida entre dos personas que se acercan abriéndose una a la otra, se encuentran, se descubren y sintonizan. La confidencia es intimidad que invoca intimidad, abismo que invoca al abismo; por eso, cuando la confianza depositada se traiciona, la tierra se abre a los pies del traicionado, ya que se quiebra la amistad, la fidelidad y el propio yo.

La verdadera con-fidencia o con-fianza no es, sin más, comunicar un secreto; es preciso que el confiante y el confidente convivan lo confiado, lo mío y lo tuyo, haciéndolo nuestro. La con-fianza se goza al decir *nosotros*, está hecha para el plural singularizador; dos miradas que pierden su posesividad y así se encuentran ganándose recíprocamente, pues ambas miradas comparten afectiva y efectivamente la misma emoción. El con-fidente o con-fiante siente conmigo, convive conmigo lo confi(denci)ado y lo asume vitalmente.[24]

Desde luego, la confidencia no se da sólo ni necesariamente a través de las palabras; allí donde no llegan las palabras pueden llegar los silencios y las lágrimas, los abrazos o los gestos cordiales; también con una mirada puede mostrarse la intimidad más profunda del alma, allí donde late el núcleo más personal e íntimo, aquello que es como es, y no como nos gustaría que fuera y cuya participación es de alguna forma una participación del propio yo, que ahora se convierte en un yo-y-tú, fusión de horizontes donde cada cual se hace más tú cuanto más yo, y más yo cuanto más tú, experiencia a su vez misteriosa porque la unidad permite a la vez la diferencia en el reconocimiento del otro, haciendo que cada persona sea única, no en el sentido de exclusiva ni menos aún de excluyente, sino de inconfundible.

En esta privilegiada experiencia de encuentro que es la confianza no hay contrato, sino alianza; no hay leyes, ni códigos ni normas, sino creatividad, espíritu, actitud, mística, compor-

---

[24] *Cfr.* M. Albom, *Martes con mi viejo profesor*, Maeva, Madrid, 2000.

tamiento vital, estilo abierto y limpio. Estamos, pues, en la comunicación en el nivel mismo del ser, allí donde se comulga con el núcleo mismo de la identidad de la persona y, por lo tanto, ante una experiencia radical.

Y, por si fuera poco, la confianza no conoce límites, puede crecer, expandirse, extenderse hasta límites insospechados por zonas antes cerradas, terminar por abrir todos los santuarios sin forzarlos, sin solicitarlos. La confianza puede acrecentarse como la vida misma, perfeccionarse en cercanía progresiva y en progrediente intimidad, hasta alcanzar la plenitud de presencia, de entrega y de reciprocidad, hasta que en el último día, en la eternidad, se dé la confianza total.[25]

CONFIANZA: ENCUENTRO COMPARTIDO

Como ya lo sabemos, no hay amistad ni puede haberla si no surge un campo de confianza, si no existe fe en el otro. Uniéndonos, trazamos un campo de existencia común entre nosotros. El carácter básico de la amistad es la confianza. La felicidad no puede emerger sino cuando estamos con el amigo y vivimos el encuentro desde la con-fianza. Esto es, dicho con otras palabras, el corazón de la amistad, pues en la amistad que merece tal nombre se ama al amigo por sí mismo, por su originalidad intransferible, por su identidad más honda, por su ser él mismo siéndolo a la vez para mí, por no ser ya realmente otro, sino uno mismo, incluso el mejor tú de mi mismo yo. Esta amistad entrañada y entrambada por la confianza es un intercambio de ser, una comunión en la raíz misma de la persona del otro, donde cada uno es para el otro lo mejor de sí mismo, algo siempre único, por inconfundible.

¿Puede haber mayor garantía que la de no necesitar de ninguna otra garantía que la confianza, en la medida en que ésta me permite fiarme del otro y con él (con-fiarme), sin otra garantía que el amigo mismo? Garantía última de todas las garantías penúltimas,

---

[25] *Cfr.* S. M. Alonso, *La utopía de la vida religiosa*, Instituto Teológico de Vida Religiosa, Madrid, 1982.

la confianza es la primera y la última palabra de convivencia pacífica y saludable sobre la faz de la Tierra.

Dicho lo cual, me complace desde aquí traer a colación estas sabias palabras de una persona por mí admirada:

> El amigo es el compañero en transparencia con quien pueden tratarse los problemas, en hondura de vida y en confianza. Un día me ha mostrado su vida: he descubierto su cercanía, he confiado en su presencia y él se ha convertido para mí en momento de mi alma. Amigos son aquellos que comparten, comunican su experiencia: se conocen, se confían y dialogan desde el fondo de la vida. Esto significa que yo debo tomar lo que me ofreces, y tú has de recibir lo que yo tengo; de esta forma inauguramos un modo de existencia compartido en inquietudes y tareas, en trabajos y hasta en bienes materiales. Amigos son aquellos que confían, se ayudan y proyectan en común un orden nuevo de existencia. Tienen fe. Saben ayudarse y fundarse el uno sobre el otro, abiertos sin fisuras, transparentes sin engaño. Se quieren: saben que el amor implica hallarse siempre de servicio el uno para el otro. Esperan: hacen juntos el camino, encuentran en común y reencuentran los motivos para ser y comportarse dignamente.
>
> La amistad constituye el camino compartido de aquellos que: *a)* trabajando o buscando juntos, *b)* se confían, *c)* se ayudan mutuamente, *d)* conviven, *e)* abriendo su amor y su esperanza a una manera de existencia más perfecta.
>
> La confianza se explicita en forma de comunicación o ayuda mutua. Amigos son aquellos que se quieren viviendo en gesto de benevolencia activa: saben acoger al otro, acentúan sus virtudes, perdonan sus defectos, le potencian, le rodean con su gracia.
>
> La amistad implica dos aspectos: *a)* quiero el bien para mi amigo. Por eso le enriquezco con mi vida, con mi experiencia, con mi presencia, mi palabra; *b)* pero, al mismo tiempo, cuento con el otro, sé que hay alguien que se ocupa de mis cosas. Vela por mi vida. Amigo es el que busca mi bien, no mis bienes. Su actitud es desinteresada.
>
> A pesar de eso, es evidente que la auténtica amistad ha de expresarse como ayuda material. Sólo son verdaderos amigos los que tienden a ofrecerse y compartir los bienes de la tierra.
>
> La amistad acaba siendo convivencia: amigos son quienes intentan construir un nuevo tipo de existencia unida o coexisten-

cia. Los amigos participan: asumen tareas comunes y se ofrecen mutuamente lo que tienen; de esta forma surge en ellos una base de existencia que les une: recuerdos, afanes, bienes, valores. Partiendo de eso se edifica la comunión interpretada como encuentro de personas que comulgan las unas con las otras porque tienen una base que les liga, porque emergen de una esencia, porque buscan la manera de ofrecerse compañía. Comulgan regalándose la vida: aquello que hacen, tienen, significan.

Lo que importa no es hacer, ni siquiera comunicarse secretos. Hay algo más hondo: el estar en unidad, el mantenerse en comunión de transparencia. La fe se ha transformado de esta forma en vida: sobre el trasfondo de las confidencias surge la coesencia, el descubrimiento y realización de la existencia en el encuentro.

Al final de la amistad hay un momento de esperanza: vivimos como amigos, en el don y la confianza compartida. Es más, la misma amistad va suscitando ante nosotros un futuro, va engendrando vida, haciendo que vivamos de verdad como personas. Vivir en la amistad implica cultivar de tal manera el nivel de la confianza y convivencia que el camino de los hombres llegue a hacerse más perfecto: nace una existencia en la libertad, en esperanza y gracia. Así, la unión de los amigos constituye un milagro de la gracia. La amistad es un regalo de la gracia.[26]

PROGRESAR EN LOS TRES GRADOS DE CONFIANZA

La fidelidad confidente y confiante es una virtud que ennoblece hasta en la esclavitud, sin que por ello queramos defender la esclavitud ni nada que remotamente se le parezca. Ella, en todo caso, la fidelidad, será la única capaz de trocar la esclavitud en libertad, en tanto que –a la inversa– la infidelidad sólo podrá hacer de la libertad esclavitud.

Según el místico sufí y escritor islámico Algacel (1058-1111), tres son los grados de confianza, el primero de los cuales permite al creyente abandonarse a Dios como el hom-

---

[26] X. Pikaza, *Palabra de amor*, Sígueme, Salamanca, 1983.

bre falsamente acusado se confía a alguien que le defienda, confiado en su gran rectitud, en su enorme energía, en su elocuencia y en su solicitud. Su confianza crecerá en función de esas cuatro cualidades mencionadas: si estás convencido de que no existe nada superior al Poder, Ciencia, Providencia y Misericordia de Dios sobre ti, necesariamente tu corazón se abandonará a Él solo. Es como la confianza que se deposita en un procurador.

El segundo grado es mucho más fuerte todavía, en la medida en que la confianza en Dios se asemeja a la actitud del niño pequeño respecto a su propia madre: el niño no conoce más que a su madre, se refugia únicamente en ella, no se apoya en otro que en ella. Desde que la ve se cuelga de ella y cualquiera que sea la circunstancia se agarra a su vestido y no la suelta. Si sufre algún mal en ausencia de su madre, la primera palabra que le viene a los labios es *mamá* y el primer pensamiento que recorre su espíritu es el de la madre. Ella constituye su refugio. La confianza del hijo es total, pues su madre le confiere plena garantía de que proveerá todas sus necesidades y le rodeará con toda su solicitud. Desde luego, en lo pequeño ser fiel cosa mayúscula es. Un niño muy pequeño pregunta: «¿A dónde vas, mami?» «A ningún lado.» «Yo voy contigo, ¿sí?»

El tercer grado resulta ser, dice Algacel, con mucho, el más elevado de todos,

> consiste en estar entre las manos del Dios Altísimo como el cadáver entre las manos del lavador de muertos... Podemos comparar al iniciado llegado a este tercer grado de abandono con un niño que sabría que, aunque no llamase a su madre con sus gritos, su madre le buscaría, que aunque no se aferrase a su vestido su madre lo llevaría en sus brazos, que aunque no le pidiese leche su madre desnudaría su pecho y le amamantaría. Sábete que este tercer grado suprime toda iniciativa personal.

La confianza abre a la confianza, es perfectiva, no concluye; por eso puede terminar erigiéndose como un verdadero principio rector de la vida.

EL PRINCIPIO CONFIANZA

Todo lo que venimos exponiendo converge en lo que Carlos Castilla del Pino ha denominado *principio confianza*, del mismo modo que E. Bloch habló primero del *principio esperanza* y H. Jonas después del *principio responsabilidad*, pues no hay virtud que no sea, por principio, principio de una forma de vida excelente, es decir, hábito de perfección.

En efecto, como dice Castilla del Pino, no existe otra posibilidad que fiarse del otro; en mayor o menor medida, para este o aquel otro menester tan solo, pero fiarse. Al recurrir a la confianza, la información no obtenida del *partner* se suple por la probable información que se obtendría si fuera factible evidenciarla, y que hemos de imaginar. Nos confiamos, sin embargo, considerando que el otro no nos va a mentir. Quien no se confía, pese al riesgo de ser engañado, traicionado, o como se quiera llamar, se priva de toda otra interacción que no sea la puntual y superficial. Es lo que le ocurre al desconfiado por antonomasia: da y toma del otro sólo la información superficial y momentánea, porque no es capaz de fiarse de nadie lo suficiente para darse en la amistad de aquel de quien no sabe ni puede saber todo. Los que no lo son, depositan la confianza en unos y otros, una confianza mayor o menor, pero confianza al fin. El principio que rige toda relación interpersonal es éste: no hay no confianza; o, de otra forma: siempre ha de haber (alguna) confianza.

La confianza, pues, es aquella actitud básica –básica, porque preside la totalidad de las interacciones– mediante la cual nos disponemos a la interacción *como si* supiéramos del otro más de lo que podemos saber; esto es, la *intención* que le lleva a suscitar o a mantener dicha interacción (en lugar de intención podríamos hablar de *deseo*).

¿Cómo saber que el otro no nos ha de engañar, o cuando menos no va a decirnos toda la verdad? Es inútil que se nos advierta el "voy a decirte todo, absolutamente todo", o "voy a abrirte mi corazón". Nunca se puede tener la certeza de que se nos ha dicho todo... En la consulta del psiquiatra se ve a diario. Hay quien confía y no lo dice; se limita a proceder como tal.

Basta la postulación de que va a confiarnos algo hasta entonces no dicho para que, junto a la evidencia de la prevención previa, sospechemos un cierto grado aún de prevención.

Por otra parte, el carácter procesal de la interacción le confiere dinamicidad, movilidad, o lo que es lo mismo, inestabilidad: es modificable de continuo. A veces apuntalamos la apuesta por la confianza de forma puntual: "Para el problema x me fío de P"...

Por razones que se nos escapan, y que se remontan a vivencias-clave acaecidas en la infancia y en la adolescencia, algunos se instalan en la vida confiadamente, seguros de sí, seguros ante los demás, a pesar, en ocasiones, de muchos avatares en contra. Otros aparecen instalados en la suspicacia, en la desconfianza, inseguros respecto del otro, sin que experiencias benefactoras les hagan cambiar su punto de vista, su actitud básica. Tanto la confianza cuanto su opuesta, la desconfianza, son actitudes básicas, constituyen posturas constantes o casi constantes del sujeto. Así, es improbable que quien es "de natural" confiado desconfíe o desconfíe al máximo, y a veces resulta imposible convencerle de que adopte una actitud más precavida ante alguien de quien intuimos que las probabilidades de engañarle son altas; y a la inversa, quien es de suyo desconfiado lo que suele hacer no es confiarse, sino desconfiar en mayor o menor grado. La estrategia inteligente consiste en dar con el grado justo de la confianza que se precisa para determinada interacción.

En toda interacción hay un momento en que se ha de apostar por la confianza, bien al comienzo o con posterioridad. Si no es así, la interacción se interrumpe apenas iniciada, porque el sujeto no tolera el exceso de incertidumbre que la interacción le suscita. En algunos momentos puede llegar a precisarse el momento en que el sujeto se resuelve por la apuesta.

Por ejemplo, en un trato hay un momento en el que uno se coloca en una posición tal que parece decir: "allá voy y sea lo que Dios quiera".

Algunas veces, sin embargo, se apuesta por la confianza antes de la interacción. Son contextos que se construyen con miras a facilitarla y, por lo tanto, cuentan con un alto grado de probabilidad de acierto o fortuna: contextos notariales, médicos o de confesión. Otras veces, las más, en los contextos de la cotidianidad ocurre lo contrario: la confianza hay que "ganársela", expresión que manifiesta el laborioso forcejeo que se ha de hacer entre la confianza que se otorga y la desconfianza de que se partía inicialmente...

Merecer la confianza es rentable, y no sólo en el plano económico, que también lo es, sino en el más general, el del crédito (moral, intelectual, etc.). Tener crédito es ser creíble o fiable, y esto concierne a la totalidad del sujeto. Del vendedor que una vez nos engañó no nos fiaremos en muchas otras ocasiones que nada tienen que ver con la venta de cosas. Cada actuación es inevitablemente una prueba de confianza o de desconfianza.[27]

ALGUNAS PARÁBOLAS DE LA CONFIANZA

Realmente tienen mucho que decir en el aprendizaje de los valores los ejemplos y las vivencias de los demás, especialmente los que se remontan a la infancia y a la adolescencia. Nunca se ponderará bastante que la confianza del niño la proporcionan inicialmente una madre y un buen maestro. Cuando ellos dicen al niño o a la niña «esto es bueno» le están queriendo decir: «ten confianza en mí, fíate de lo que te digo, te lo digo yo, yo soy bueno y te recomiendo lo bueno». Sin otro ánimo que el pedagógico, y con la esperanza y la confianza de que estas parábolas relativamente fáciles de ser conservadas en la prodigiosa memoria de los pequeños puedan serles relatadas, las traemos aquí a colación.

Parábola del jardinero

Nos cuenta Anthony Flew que cierto día llegan dos exploradores a un rincón de la selva donde crecen armónicas flores y hierbas. El uno afirma: "Este orden significa que aquí tiene que

---

[27] C. Castilla del Pino, *op. cit.*, pp. 323 y ss.

haber un jardinero que al menos cuide de este rincón." El otro, sin embargo, lo niega; así que para saber a qué atenerse montan guardia día y noche. Pasa el tiempo, pero el jardinero no aparece. Entonces el primero insinúa que el jardinero es invisible, pero existente. A fin de comprobarlo alzan una alambrada espinosa, encomendando a la par la búsqueda olfativa a perros amaestrados. Todo en vano, nada denota la presencia del presunto jardinero: ningún grito, ningún movimiento, ningún susurro, nada. Los perros, por su parte, guardan silencio. No dándose sin embargo aún por vencido, el primero concluye: "Se trata de un jardinero invisible, intangible, eternamente esquivo, indetectable, perfectamente silencioso, custodio secreto del cuidado jardín de sus amores."

Moraleja: la confianza no crea evidencia, pero deja abierta la posibilidad; dicho de otro modo, la confianza genera campos de confianza, mientras que la desconfianza sistemática termina produciendo campos fóbicos.

Parábola de los astronautas

Mucho depende de la forma de mirar, que también dividió a los pioneros astronautas rusos y estadunidenses en su primera salida al espacio. Como se recordará, mientras los primeros voceaban con Gagarín: «Vamos, Dios, sal si estás ahí en ese espacio cósmico», los segundos abrieron el libro del Génesis y, extasiados por la contemplación que por primera vez se presentaba a unos ojos humanos, leyeron:

> En el principio creó Dios los cielos y la tierra. La tierra era algo caótico y vacío, y tinieblas cubrían la superficie del abismo, mientras el espíritu de Dios aleteaba sobre las aguas.[28]

Moraleja: quien tiene confianza abre el campo de los significados, ensancha la realidad; quien carece de ella, lo estrecha.

---

[28] Génesis, 1:1.

Parábola del luchador de la resistencia

Basil Mitchell hizo célebre la siguiente parábola. Durante la ocupación militar de su país en guerra, un partisano que resiste a los invasores conoce a un extranjero que le impresiona profundamente. Después de largas horas de conversación, el extranjero le pide al partisano que confíe en él, por ser también resistente. Sin volver a charlar más, y aunque el extranjero es visto posteriormente ayudando ocasionalmente a miembros de la ocupación o colaborando con la policía en la denuncia de patriotas, el partisano continúa impertérrito, diciéndole a los detractores: «Está de nuestro lado, el extranjero sabe lo que hace.» En ocasiones sus compañeros le increpan exasperadamente: «¿Pero qué necesitas tú para admitir que te ha engañado? Si a eso le llamas tú estar de nuestra parte, sería preferible que el extranjero se pasara cuanto antes al otro bando.» Pero el partisano continúa impertérrito: «Está de nuestro lado.»

Moraleja: semejante parábola ayudaría a comprender lo que significa el encuentro con el ser auténtico, a saber, que contra viento y marea, y pese a quien pese, la confianza que resiste los terremotos venidos de lo profundo se mantiene siempre.

Parábola de los dos viajeros

John Hick habla de la existencia de dos viajeros, uno de los cuales cree que el camino conduce a la ciudad celestial y el otro lo niega. Ninguno de ellos se ha embarcado jamás por aquella senda, por lo que ambos ignoran las sorpresas que pueda depararles la fortuna en cada uno de los recodos del trayecto. Éste, pródigo en sucesos por lo demás, les proporciona una variada gama de situaciones de gozo y de dolor, pero mientras el creyente vive todas las penalidades bajo el signo de la confianza como prólogo y estímulo de su peregrinar, el otro las recibe como incordio y fastidio.

Moraleja: para la persona que ama y que por lo tanto confía, mil objeciones no llegan a hacer una sencilla duda; por el contrario, para quien no ama, mil pruebas no llegan a constituir una pequeña certeza.

Parábola de los dos huérfanos

Cuenta José Gómez Caffarena lo siguiente. Éranse dos amigos que crecieron juntos en un hospicio. Cuando, llegados a una cierta edad, salieron de él, añorando el hogar decidieron buscar juntos a sus padres, y así lo hicieron porque un día en su infancia ya lejana habían recibido la visita de un joven que les dijo ser su hermano, y que, por circunstancias que un día podrían comprender, los padres se habían visto obligados a dejarles a ellos, gemelos, en el hospicio, pero les invitaban a reunirse con ellos el día en que pudieran hacerlo. Su nombre era Tal y vivían en una ciudad de un determinado país que por el momento no se podía precisar. Después de muchos años de búsqueda, desde hace tiempo uno de los dos jóvenes, más escéptico, duda de que todo aquello pueda conducir finalmente a alguna parte; el recuerdo de la visita recibida en la infancia se vuelve cada vez más borroso. ¿Por qué creer aún a aquel visitante que no volvió? Es verdad que sugirió ciertos argumentos a favor de lo que decía, pero ya no parecen inequívocos, sobre todo vistos a distancia. Por ejemplo, existen ciertos parecidos entre el joven y su compañero, los cuales militan en favor de la hipótesis de que sean efectivamente hermanos gemelos, pero hay también notables diferencias, que les quitan fuerza. Y, después de todo, ¿vale la pena buscar así a unos padres que se han portado de un modo tan extraño?

El joven escéptico, aunque muchas veces tentado de dejarlo todo, continúa sin embargo, quizá porque algo tendría que hacer de todas maneras en la vida y no está claro que sean más confortantes otros modos de ver el mundo. Por otra parte, siente una extraña ley de fidelidad y de solidaridad con el compañero más entusiasta. Éste, por su parte, parece ver todo más claro; su convicción se mantiene aun cuando es cada vez más consciente de que no puede aportar argumentos persuasivos. Parece comprender que, aunque no pueda precisamente decir por qué fue dejado en el hospicio, sus padres pudieron tener efectivamente buenas razones para ello; quizá no sea la última de ellas el que la búsqueda misma lo dignifique. En todo caso, es la confianza que despertó aquel joven visitante que se presentó como su hermano mayor la que más le mantiene. Alguna vez dice también a su compañero más escéptico, su presunto hermano gemelo: "El mismo vínculo de la solidaridad que día a día nos une, a pesar de nuestras diferencias y de lo que interpretamos diversamente, ¿acaso no es indicio de nuestro origen común?"

Moraleja: la confianza puede ser más o menos firme, pero mientras dura invita a la acción y sirve para dinamizar la existencia.

Parábola de las huellas sobre la arena

Una tarde, después de muchos esfuerzos, caminaba un hombre fatigado sobre la arena. Tan cansado estaba, que sus huellas se hundían profundamente en aquel arenal. Entonces se dirigió así a Dios:

–Señor, tú me dijiste una vez que, si decidía seguirte, caminarías siempre conmigo. Sin embargo, he notado que durante los momentos de mi vida en que tenía más dificultades y problemas tan solo había un par de huellas. No comprendo por qué cuando más te necesitaba más me abandonabas.

–Hijo, nunca te he abandonado. En los momentos de angustia y dolor, cuando tú has contemplado tan solo un par de huellas en la arena, eran los momentos en que yo te transportaba en mis brazos.

Moraleja: a veces la confianza se explica después, pero hay que ejercerla antes para poder comprenderla más tarde. De la confianza, pues, dan razón los actos que llevamos a cabo, o los que no llevamos.

Parábola de la golondrina

Una golondrina llegó tarde a la cita otoñal, pues sus hermanas ya habían partido, no quedándole otro remedio que volar sola. Cuando estaba agotada divisó otra golondrina que planeaba a ras del mar en su misma dirección, lo que le dio fuerzas para remontar el vuelo. Cada vez que se sentía desfallecer miraba a la golondrina compañera, y de esa manera volaba con más fuerza. Llegada la noche, ésta desapareció, pero la meta ya estaba cerca: era la propia sombra proyectada sobre el agua del mar.

Moraleja: la confianza es fuente de consuelo, argumento que ayuda a descubrir las propias posibilidades, a perseverar en ellas, y a cumplir las tareas.

Parábola del martillo

Si confiar es sumar, desconfiar es restar; si confiar es descansar, desconfiar es agobiarse en una rumia cada vez más encrespada, como se ve en la siguiente parábola del martillo.

Un hombre quiere colgar el cuadro, y como le falta el martillo decide pedírselo a su vecino. Pero le asalta una duda: «¿Y si no quiere prestármelo? Ayer me saludó algo distraído, tal vez tenía prisa... Pero quizá la prisa sólo fue un pretexto y tiene algo contra mí. ¿Qué podrá ser? Yo no le he hecho nada. Si alguien me pidiera a mí una herramienta se la dejaría enseguida, ¿por qué no habría de hacerlo él también?, ¿cómo puede uno negarse a hacer un favor tan sencillo a otro? Tipos como éste le amargan la vida a uno. Y además pensará luego que debo devolverle el favor sólo porque tiene un martillo, ¡es el colmo!» Después de esta rumia-monólogo sale furioso, llama violento al timbre del vecino y, antes de que éste pueda abrir la boca, le grita: «¡Métete el martillo donde te quepa, idiota!»

Moraleja: no siempre es fácil confiar, a veces nos lo dificulta el propio mal genio. En situaciones semejantes, confiar exige hacer acopio de paciencia, tranquilizarse y esperar el cambio propiciando activamente su mejora. Recordemos, de todos modos, que la sinceridad debe ser gobernada por la caridad y por la prudencia, pues no existen las virtudes aisladas.

Por desgracia, no pocos sucumben en su empeño por superar la desconfianza, y a eso vamos a dedicarle el próximo y último capítulo de este libro.

6

En la otra ladera de la des-confianza

NADIE DA LO QUE NO TIENE

Pero está la otra cara de la moneda, la cruz de la desconfianza. Y, cuando hablamos de la *cruz* de la desconfianza, no metaforizamos, ya que la desconfianza es fuente permanente de sufrimiento y de tristeza, produciendo indefectiblemente acritud de carácter, amargura, resentimiento, fobias.

Si, como lo hemos venido repitiendo, ni la fidelidad ni la confianza son posibles fuera de la relación entre seres humanos, pues la fidelidad y la confianza sólo se dan entre iguales, entonces la desconfianza conlleva una relación interpersonal deficitaria. De todos modos, y a pesar de todos los pesares, la confianza puede vencer a la desconfianza si se tiene la convicción de que hay más cosas en el ser humano dignas de admiración y, por lo tanto, de confianza, que de desprecio. El hombre es el máximo sujeto de confianza, de donde se deduce que no se le puede tratar como si fuera un objeto de desconfianza: quien desconfía de todos es digno de que nadie se fíe de él; no nos fiemos, por lo tanto, de quien por principio nada se fía de nadie.

Por su parte, la confianza en el tú exige la confianza en el propio yo: así como nadie puede dar lo que no tiene, así yo tampoco puedo dar crédito a otro si no me concedo crédito a mí mismo. Una persona inmadura no puede confiar en sí misma y, por tanto, es incapaz de entregarse plenamente a alguien.

Sin embargo, quien se fía de sí mismo deja que el espejo hable, que la realidad se manifieste, pues confía en ella por encima de todo. El espejo es la mirada ajena que no deja de ser la propia mirada. Quien no se fía de sí mismo mira al espejo desconfiadamente, le hurta el perfil peor, oculta la arruga, no quiere ver lo que está viendo. Además, querrá a toda costa hacer confesar al espejo lo que éste no desea: «Espejo, espejito mágico, ¿hay otra más hermosa que yo?» El espejo debe responder que *sí* para poder seguir existiendo, porque de lo contrario se arriesga a ser hecho añicos por la mano desconfiada. Detrás de una existencia que no confía hay una mirada de vampiro: el vampiro se ve en el espejo, pero no se refleja. Pero el vampiro es vampiro no sólo porque se vea, es vampiro porque lo es.

LA CONFIANZA EXIGE GENEROSIDAD RECÍPROCA

Fiarse de todos, no fiarse de nadie: dos signos de imprudencia. En todo caso, es más vergonzoso desconfiar de los propios amigos que ser engañado por ellos. Del mismo modo, resulta siempre más noble engañarse alguna vez que desconfiar siempre.

Si desarmas una cosa, la vuelves a montar, y si repites el proceso varias veces al final tendrás dos o más cosas defectuosas. Del mismo modo, cuando para decir algo a tu interlocutor haces tuyas opiniones que otros han manifestado sobre él mismo en lugar de manifestarle clara y directamente lo que tú estás deseando decirle, cometes dos errores importantes: corres el riesgo de malinterpretar al citado como intermediario indisponiéndole con tu interlocutor, y de no ser franco y libre en tu propio mensaje.

La confianza exige generosidad recíproca, fidelidad, respeto. Cuando por algún motivo eso se quiebra, uno ha de pedir perdón: mantener su amistad en continua reparación; a su vez, una amistad que se reanuda requiere más atención y cuidado que la que nunca se rompió.

CONFIANZA Y TRANSPARENCIA

Pero, ¿acaso cabe esperar una confianza total, asentada sobre el supuesto de la absoluta transparencia en las relaciones interpersonales? Ciertamente, no; de hecho, nadie es, ni puede ser, aunque lo pretenda, de todo punto transparente ni para los demás ni para sí mismo. Como ha puesto de relieve Carlos Castilla del Pino,

> el descubrimiento de nuestra intimidad haría imposible toda relación social, porque contiene propósitos e intenciones que es mejor que permanezcan ocultos, tanto más cuanto que implican opiniones sobre el interlocutor que, aunque compatibles con otras de mejor enjundia, son o serían difícilmente aceptadas por él. Toda persona tiene, pues, un tanto de opacidad para el otro que lo convierte, en un sentido amplio, en sospechoso.

Pensemos en un trato. A quiere comprar algo en las mejores condiciones a B. B quiere venderlo en las mejores condiciones a A. Sería importantísimo que A supiera todo lo que precisa saber de B, y a la inversa. Porque, ¿qué saben A de B y B de A? Muy poca cosa, en realidad. Lo que no saben (pero quisieran saber) del otro es mucho más y más importante que lo que saben, y en consecuencia no se posee otro recurso que el de imaginarlo, el figurárselo, una forma arriesgada, porque apenas hay base, apenas hay indicios a partir de los cuales inferir y deducir. Es más, se puede afirmar que la mayoría de las veces estas inferencias, o son erróneas en su totalidad o en su mayor parte.

Así se afirma: "sospecho que estás pensando que", dando a entender al otro que nos limitamos a creerle. Porque tenemos que *creer* en el otro; que no nos engaña, o que, aunque nos engañe en alguna medida, nos viene bien culminar el trato; o que es mejor abandonarlo, apartarse, interrumpir la interacción. En el primer caso, creemos al otro veraz, sincero; en el segundo, que nos engaña, pese a lo cual nos consideramos compensados por el engaño que nos hace el otro; en el último, que es intrínsecamente mendad y no cabe relación alguna.

Creer que el otro es veraz o mendaz no es asegurar que sea de una u otra manera, sino confiar o desconfiar, es decir, sospechar. Tan adecuado es decir (aunque no se use habitualmente) «sospecho que me dices la verdad», como en el caso opuesto y usual «sospecho que me estás mintiendo». Nótese que raras veces la confianza o la desconfianza es absoluta: confiar no implica necesariamente confiar en todo y por todo; y lo mismo ocurre en la desconfianza. La confianza y su inversa, la desconfianza, son la mayoría de las veces puntuales, referidas a una determinada interacción.[1]

Ahora bien, esta condición humana, lejos de llevarnos a la trampa, debe movernos a la búsqueda de las mayores cotas de honestidad y de confianza, pues ellas son tan necesarias como beneficiosas para todos y cada uno: sólo ellas nos liberarán del pesimismo.

De todos modos, buscando la confianza tampoco podemos llegar a la credulidad ni a las actitudes supersticiosas, aunque estén arraigadas en ciertos sectores de la sociedad, más prestos a dejarse embaucar por las últimas mercaderías:

> Esta mañana he visto a un motorista con los brazos extendidos y puesto de pie sobre el sillín de su motocicleta. Le pregunté por la razón de su curiosa postura y me dijo que no quería volver a sentarse hasta que su motocicleta no tuviese tres ruedas. Le felicité diciéndole: "hace usted muy bien, con tres ruedas la estabilidad sería mucho mayor". Y entonces me explicó que deseaba que su moto tuviese tres ruedas porque su amiga experta en numerología le había enseñado que el número Tres es el número de la Iluminación, de la Integridad y del Refinamiento, y sobre todo porque el Tres nos hace benévolos, afectuosos, simpáticos, muy cuidadosos en los detalles, y dispuestos incluso a sacrificarnos en aras de un hermoso ideal.[2]

LAS DIEZ ESPECIES DE LA BUENA Y DE LA MALA FE

Decíamos antes que, en lo relativo a la buena y a la mala fe o confianza, el abanico de las posibilidades es verdaderamente grande. He aquí su esquema, tal y como nos lo presenta Vladimir Jankélévitch, sin necesidad de comentarios adicionales:

---

[1] C. Castilla del Pino, *Teoría de los sentimientos*, Tusquets, Barcelona, 2000, pp. 319-320.
[2] J. Tomeo, "Las virtudes del número tres", en *ABC*, Madrid, 21 de noviembre de 2000, página 38.

a) Lo que yo pienso es verdadero:
   Digo lo que pienso:
   Con benevolencia: *veracitas purissima.*

b) Lo que yo pienso es verdadero:
   Digo lo que pienso:
   Con malevolencia: *sinceritas diabolica.*

c) Lo que yo pienso es verdadero:
   Digo otra cosa de lo que pienso:
   Con benevolencia: *pium mendacium.*

d) Lo que yo pienso es verdadero:
   Digo otra cosa de lo que pienso:
   Con malevolencia: *mendacium vulgare.*

e) Lo que yo pienso no es verdadero:
   Digo lo que pienso:
   Con benevolencia: *bona mala fides.*

f) Lo que yo pienso no es verdadero:
   Digo lo que pienso:
   Con malevolencia: *mala bona fides.*

g) Lo que yo pienso no es verdadero:
   Digo otra cosa:
   Lo contrario de lo que pienso:
   Con benevolencia: *benevolentia forte veridica.*

h) Lo que yo pienso no es verdadero:
   Digo otra cosa:
   Lo contrario de lo que pienso:
   Con malevolencia: *malevolentia forte veridica.*

i) Lo que yo pienso no es verdadero:
   Digo otra cosa:
   Cosa distinta de lo que pienso:
   Con benevolencia: *error mendax benevolens.*

j) Lo que yo pienso no es verdadero:
   Digo otra cosa:

Cosa distinta de lo que pienso:
Con malevolencia: *error mendax malignus*.³

¿Hará falta añadir a la vista de estas posibilidades que muchos de nosotros somos mestizos, y que el blanco y el negro no siempre están separados en nuestros corazones?

DESCONFIANZA Y PESIMISMO

Desgraciadamente no todo el mundo cree que esta vida sea fidedigna ni confiable; muchos ni siquiera le conceden el menor crédito, y al respecto son bien conocidas las tesis de Sartre: el ser nos es extraño, incomprensible; el ser no tiene sentido, «el infierno son los otros».⁴ Ahora bien, ¿qué está pasando con el ser humano para que de él se piensen tales cosas? Demos la palabra a los pesimistas que así lo postulan para que ellos mismos nos lo digan, sin que por eso hagamos nuestras sus convicciones.

Hay pesimistas para los cuales el hombre es un animal anormal y degenerado, deforme, fracasado, y que escriben textos tan dolorosos como los siguientes:

> El resto de los seres vivos, por el hecho de confundirse con su condición, tiene una cierta superioridad sobre el hombre»;⁵ el hombre es un inadaptado exhausto, y sin embargo incansable, ávido por remediar sus insuficiencias y, ante el fracaso, violentador de todo a su alrededor, un devastador que acumula fechoría sobre fechoría, rabioso al ver que un insecto obtiene sin dificultad lo que él, con tantos esfuerzos, no sabe adquirir. Tanta soberbia solamente puede provenir de un desgenerado. En lugar de haberse conformado con el sílex y, como máximo refinamiento técnico, con la carretilla, inventa y manipula con una destreza demoniaca instrumentos que proclaman la extraña supremacía de un deficiente, de un espécimen biológicamente desclasado de quien nadie hubiera podido adivinar que se elevaría a una nocividad

---

³V. Jankélévitch, *Les vertus et l'amour*, I, Flammarion, París, 1986, p. 279.
⁴Para rebatir esta tesis, *cfr.* J. L. Marion, *Prolegómenos a la caridad*, Caparrós, Madrid, 1997.
⁵E. Cioran, *La caída en el tiempo*, Monte Ávila, Caracas, 1977, p. 20.

tan ingeniosa. No es él, son el león o el tigre quienes debieron ocupar el rango que el hombre tiene en la escala de las criaturas. Pero nunca son los fuertes, sino los débiles, los que aspiran al poder y lo alcanzan mediante el efecto combinado de la astucia y el delirio. Puesto que el hombre era en todo un animal anormal, poco dotado para subsistir y afirmarse, violento por desfallecimiento y no por vigor, intratable debido a su posición de debilidad, agresivo a causa de su misma inadaptabilidad, le correspondía buscar los medios para alcanzar un éxito que no hubiese ni imaginado ni realizado si su complexión hubiera respondido a los imperativos de la lucha por la existencia. Si exagera en todo, si la hipérbole es en él necesidad vital, es porque, desequilibrado y desatado desde el principio, no puede afincarse en lo que es.[6] ¿Acaso era necesario él, quien moralmente es más deforme de lo que físicamente eran los dinosaurios?[7] El animal más inmundo vive en cierto sentido mejor que nosotros. Sin necesidad de ir a buscar a las cloacas recetas de sabiduría, ¿cómo no reconocer la ventaja que nos lleva una rata, precisamente porque es rata y nada más?[8]

Más de lo mismo:

> Usted conoce seguramente –dijo el viejo– el famoso aforismo de Federico el Grande: "El hombre es un animal depravado." Profunda sentencia comprobable diariamente. El hombre es un animal, nada más que un animal. Ha cometido una traición, la traición contra la animalidad, y ha sido castigado por esa prevaricación. No ha conseguido convertirse en ángel y ha perdido la beatitud inocente de la bestia. Por eso ha quedado torturado, angustiado, enfermo, insatisfecho.[9]

Si eso fuera verdad, a más animalidad, mayor felicidad. Pero, ¿qué felicidad podría esperar quien pensara que el hombre es un lobo para el otro hombre?[10] ¿Cómo ser feliz si al fin y al cabo no vamos más allá del lobo que se come al cordero?[11]

Desconfianza sobre desconfianza, he aquí el panorama. Según La Mettrie, «virtud y verdad son cualidades que sólo

---

[6] *Ibid.*, pp. 20-21.
[7] *Ibid.*, p. 25.
[8] *Ibid.*, p. 105.
[9] G. Papini, *Gog*, Plaza & Janés, Barcelona, 1974, pp. 313 y ss.
[10] Th. Hobbes, *Leviathan*, 32.
[11] Marqués de Sade, *Justine*, Fundamentos, Madrid, 1976, p. 119.

valen cuando sirven a quien las posee»;[12] de ahí Fontenelle: «si tuviera la mano llena de verdades, me guardaría muchísimo de abrirla».[13] Para La Rochefoucauld «todas nuestras virtudes no son con frecuencia sino el arte de parecer honrado», «un fantasma forjado con nuestras pasiones al que denominamos honradez para hacer impunemente lo deseado», «una reunión de diversos intereses que fortuna o industria coordinan». Las virtudes, pues, «se pierden en el interés como los ríos en el mar» y «no llegarían tan lejos si la vanidad no las acompañase».[14] «Generosidad es ambición disfrazada»; «magnanimidad es el buen sentido del orgullo»; «moderación es languidez y pereza anímica»; «humildad no es con frecuencia más que una fingida sumisión que empleamos para someter al mundo, un artificio del orgullo que se rebaja ante los hombres para elevarse sobre ellos»; «la fidelidad es una invención del amor propio por la que el hombre, erigiéndose en depositario de cosas preciosas, se hace infinitamente precioso él mismo»; «la justicia en los jueces no es sino amor a un ascenso»; «la piedad es con frecuencia un sentimiento de nuestros propios males en los males ajenos»; «la amistad más desinteresada se reduce a un comercio donde nuestro amor propio se propone siempre algo que ganar»; «la reconciliación con nuestros enemigos es un desfallecimiento de la guerra y el temor a algún fracaso»; «simpatía y benevolencia son industria»; «rehusar la alabanza es el deseo de ser alabado dos veces», pues «por lo general no se habla sino para ser alabado»; «en la adversidad de nuestros mejores amigos hallamos frecuentemente algo que no nos desagrada», y «nos consolamos fácilmente de sus desgracias cuando sirven para realzar nuestra ternura hacia ellos», de modo que «siempre tenemos bastante fuerza para soportar las desgracias del prójimo». Existe entre no pocos la creencia de que, siendo así las cosas, no hay que proponer virtudes, pues el hombre es como es y nada podría cambiarle, no hay que arremeter contra el vicio en nombre de la virtud, «pues los hombres no son miserables, pero están sometidos a sus intereses, así que el griterío de los mora-

---

[12] *Discours sur la bonheur*, 218. Cfr. *Obra filosófica*, Editora Nacional, Madrid, 1983.
[13] *Conversaciones sobre la pluralidad de los mundos*, Editora Nacional, Madrid, 1982.
[14] La Rochefoucauld, *Reflexiones, sentencias y máximas morales*, Bruguera, Barcelona, España, 1984.

listas no cambiará este móvil del universo moral».[15] Resumiendo con La Mettrie: «si la naturaleza te ha formado cerdo, revuélcate en el fango como los cerdos, porque tú eres incapaz de disfrutar una felicidad más elevada».[16]

Muchos otros autores podrían ser traídos a colación en esta misma línea, entre los cuales Hobbes ha sido uno de sus máximos y más tempranos exponentes: «en la naturaleza humana encontramos tres principales causas de disputa, a saber, la competitividad, la desconfianza y el deseo de fama». Nadie se resigna a no hacer ningún esfuerzo por lograrlas, ni se consolaría con la idea de ser distinto o inferior a los demás hombres, de modo que hasta el más débil se aprestaría a dominar al más fuerte por los medios a su alcance, ya fueran los de la astucia o la conspiración, resultando inevitable la lucha de todos contra todos cual corresponde a una naturaleza tan egoísta como la humana. ¿Pruebas de semejante egoísmo? Tres aduce Hobbes: todo el mundo lleva armas de noche, cierra la puerta de su casa y esconde sus propiedades. En estas tres acciones quedaría condensado lo que piensa el hombre respecto de todos sus semejantes.

Desde parecidas coordenadas escribe también Arthur Schopenhauer:

> Esos miles que transitan pacíficamente ante nuestros ojos hemos de considerarlos como otros tantos tigres y lobos, cuyos colmillos están inmovilizados por un bozal. Por eso cuando el poder estatal suprime el bozal, toda persona tiembla ante el espectáculo que se viene encima. El móvil principal y fundamental es, en el hombre como en el animal, el egoísmo, ilimitado por su naturaleza. Cuanto se opone a él despierta descontento, cólera, odio, y se le intentará destruir como a un enemigo. El egoísmo es colosal, desborda el mundo. Esto puede llegar tan lejos que quizá a algunos, sobre todo en momentos de hipocondría, les parezca el mundo en su aspecto estético un museo de caricaturas; en el espiritual, un manicomio; en el moral, un albergue de bandidos. Cuando esta desazón persiste, nace la misantropía.[17]

---

[15] Helvetius, *Del espíritu*, Editora Nacional, Madrid, 1984, II, 5.
[16] *Idem*.
[17] *Cfr.* C. Díaz, *Eudaimonía. La felicidad como utopía necesaria*, Encuentro, Madrid, España, 1987.

Vayamos cerrando esta triste galería de desconfiados con un par de citas más, la primera de Flaubert, cuando decía: «tres cosas hacen falta para alcanzar la felicidad: ser imbéciles, egoístas, y gozar de buena salud; pero, si os falta la primera, todo se acabó».

La segunda, de un personaje de una novela de Pío Baroja:

–¿No cree usted que vendrá la fraternidad?
–No.
–¿No se podrá conseguir que deje de haber explotadores y explotados?
–Nunca. Viviendo en sociedad, o es uno acreedor, o es uno deudor.[18]

En resumen, que el desconfiado todo lo ve bajo el prisma de la enfermedad: «"¿Qué tal, doctor?" "Mal, francamente mal. Hay una brutal epidemia de salud."» ¿Hablaba así este médico por razones personales o profesionales?

Sea como fuere, ¿qué podríamos decir de tanta desconfianza? Que

> enorgullecerse de vivir en la duda es la mayor estupidez que pueda darse. Y se da muy a menudo. Es como si un hombre cojo de ambas piernas blasonara de pesar menos que otro normalmente constituido... Permanecer estólidamente en la duda, como quien ha llegado a una meta y no como quien está recorriendo un camino, no sólo es una gran necedad, sino una hipocresía. Y esto porque, si fueran sinceras nuestras dudas sobre la cuestión que transformará nuestra vida (hacia la esperanza o hacia el ateísmo) sería la cuestión a la que más tiempo y esfuerzo dedicaríamos. Y no lo hacemos.[19] No.

DE LA DESCONFIANZA A LA SOSPECHA, DE LA SOSPECHA A LAS FOBIAS

La desconfianza puede terminar creando mentalidades que elevan la sospecha a forma de vida. Cuando eso ocurre, la

---

[18] P. Baroja, *Aurora roja*, Caro Raggio, Madrid, 1973.
[19] J. E. López, *Por qué soy cristiano* (...*Y, sin embargo, periodista*), Tibidabo Ediciones, Barcelona, 1992, p. 9.

sospecha ha añadido a la desconfianza o suspicacia tres caracteres básicos:

- Su plausibilidad: la sospecha debe al menos estar justificada.
- Su posterioridad: la sospecha debe basarse en indicios previamente logrados.
- Su focalización: se es sospechoso respecto de algo, no generalizadamente sospechoso.

Lo que ocurre es que, insensiblemente, la mente de quien sospecha sobre los demás revierte finalmente la costumbre de la sospecha sobre sí, toda vez que el sentimiento hacia el objeto se acompaña de otro sentimiento del sujeto hacia sí mismo. De este modo, cuando uno se siente despreciable por odiar a alguien y haberle reportado algún mal, algo del sentimiento de odio hacia el objeto parece revertir sobre uno mismo: son los metasentimientos. El disculparse ante aquel sobre el cual se descargó un sentimiento que desasosiega es el intento de recuperar el objeto y de recuperarse a sí mismo.[20]

Ahora bien, como dice Carlos Castilla del Pino,

> la anormalidad de los metasentimientos estriba en que no sólo no sirven para la función que debieran, sino que perpetúan el problema con un bucle vicioso. El sujeto, perdido en la relación circular con ese objeto, queda impedido para el logro de otras vinculaciones. Ejemplos de ello los tenemos en la fobia. La fobia es un miedo ante un objeto. La relación con el objeto tiene, efectivamente, unas probabilidades de riesgo. El miedo convierte al objeto en un peligro cierto, porque en el fóbico no se trata ya del miedo al objeto propiamente dicho, sino del miedo al miedo a lo que pueda pasar. Por eso es frecuente que la fobia, que se inicia como una fobia concreta, con la cual hasta se podría contemporizar, se extienda hasta hacer del entorno un entorno fóbico. La forma que el fóbico elige para eludir el miedo es la evitación del objeto. Aparece la conducta contrafóbica. En la medida en que la fobia limita el campo de sus actuaciones –hay objetos, además, inevitables–,

---

[20] *Cfr.* C. Castilla del Pino, *op. cit.*, pp. 20-24.

el sujeto se irrita frente al miedo que le atenaza, sin enfrentarse no obstante al objeto del miedo. Más tarde, cuando la situación se encroniza, se irrita consigo mismo en tanto incapaz de vencer el miedo, limitado en sus posibilidades de actuación, ridículo ante los demás y ante sí mismo. Pero el sentimiento de autodesprecio no cumple el cometido de sobreponerse al miedo al objeto fóbico inicial.[21]

Así las cosas,

en la depresión el paciente tiene una imagen depreciada de sí, con metasentimientos de culpa por la responsabilidad que a sí mismo se atribuye y que toman la forma de autorreproches insistentes. En ocasiones, el sentimiento de culpa se acrecienta por la idea (delirante) de condenación, de castigo por la justicia terrenal o divina. El sentimiento de autorreproche se agrava con la conciencia de la imposibilidad de superar esa situación, de desandar lo andado en un sentido que ahora estima equivocado y culpable. Porque el depresivo mira hacia el pasado, el que fue y no debió ser, el que fue y dio lugar al presente intolerable, en un constante lamento ante la imposibilidad de invertir el curso biográfico.[22]

Muchos comportamientos obsesivos adoptan forma de ritual para prevenir la angustia. Si no se hacen, podría pasar a él o a alguien lo peor, y sería el responsable... De aquí el sentimiento de impotencia y la rebeldía que acontece al obsesivo grave. ¿Por qué no puedo dejar de tocar tres veces con el dedo en la mesa antes de hablar?... El extrañamiento de la realidad es otra forma de neurosis relativamente infrecuente, pero rebelde y penosa, en la que el sujeto no logra una vinculación con sus propios comportamientos como para estar seguro de que lo son: lo que ve, ¿es exactamente lo que ve?; cuando habla, ¿suena la voz como suena la que es verdaderamente mía?[23]

Tristes tópicos.

DE LAS FOBIAS AL DELIRIO

La desconfianza puede terminar en el delirio. Ciertas desconfianzas o suspicacias enfermizas llegan a sospechar de todo y de

[21] *Ibid.*, p. 33.
[22] *Ibid.*, p. 218.
[23] *Ibid.*, pp. 224-225.

todos continuamente; el suspicaz agudo cree tener razones para no fiarse de nadie, «y si no, al tiempo». Por una u otra razón, estas actitudes van ligadas al miedo: en la actitud de sospecha hay miedo al sospechoso.

Aceptada la existencia del metasentimiento perturbador, cabe aún la posibilidad (engañosa, en cualquier caso) de mantener la precaria homeostasis o equilibrio interno mediante la proyección de la culpa en el objeto, pero no saber respecto de algo que forma parte de uno mismo es en última instancia no querer saber.[24]

Al final,

> para el delirante, para el paranoico, los designios de las actuaciones de los demás no son problemáticos, ni han de seguir siéndolo. Sabe cómo descubrirlos hasta convertirlos en evidentes. El delirante lee sin error, certeramente, las intenciones de los actos de los demás, sabe cuál es el significado de cada cosa, de cada actuación, de cada gesto. Significan lo que él les hace significar, lo que en última instancia quiere que signifiquen. El delirante no tiene problema alguno con la realidad, salvo el que no sea de su gusto y le dé más o menos disgustos (también satisfacciones). Para el delirante, la realidad es "clara". Él manda no sólo en sus significaciones –en éstas mandamos todos–, sino en las significaciones de los demás. Los demás no hacen las cosas con la intención que dicen, sino con las que él entrevé.[25]

Sí; cuando la confianza muere, el delirio arrasa.

Final y propósito

¿Qué se saca de todo esto?

> *Varias personas cenaban*
> *con afán desordenado*
> *y a una tajada miraban*
> *que habiendo sola quedado*
> *por cortedad respetaban.*

---

[24] *Ibid.*, p. 117.
[25] *Ibid.*, p. 334.

Uno la luz apagó
para atraparla con modos:
su mano al plato llevó
y halló... las manos de todos,
pero la tajada no.

Y hasta aquí hemos llegado. Gracias por la compañía. Si estas páginas han servido para evitar el delirio de la desconfianza y para incitar a la tranquila y activa confianza, yo me daría por muy satisfecho: podría también confiar más en mí mismo aceptándome tal cual soy.

Índice onomástico

Albom, M., 120
Algacel, 123-124
Alonso, S. M., 121
Aquino, Tomás de, 82, 110
Aristóteles, 28

Baroja, Pío, 144
Barreto, J., 46
Bennassar, B., 108
Bierce, A., 21
Bloch, E., 125
Bonhöffer, Dietrich, 85, 86
Buber, Martin, 118

Calvo, Maximiliano, 65, 75
Camus, A., 27
Carreto, C., 50
Castilla del Pino, Carlos, 103, 125, 127, 137, 145
Cervantes, 30
Cioran, E., 61, 140
Cruz, Juan de la, 77

De la Madrid, Miguel, 111
Descartes, Renato, 20-21
Díaz, C., 19, 21, 143
Dostoyevski, 82

Eutifrón, 82

Fisher, R., 80
Flaubert, 144
Flew, Anthony, 127
Fontenelle, 132
Freud, Sigmund, 119

Galindo, Emilio, 72
Garaudy, R., 26
Goethe, 33
Gómez Caffarena, José, 130
González-Carvajal Santabárbara, L., 88
González de Cardedal, O., 24, 26
Guardini, Romano, 37

Hegel, 21
Helvetius, 143
Hernández, Cayetano, 78
Hick, John, 129
Hildebrand, D. von, 100
Hinojosa, A., 107
Hobbes, 143
Horkheimer, Max, 83

Jankélévitch, Vladimir, 33, 114, 117, 138-140

149

Jonas, H., 125
Jung, Carl, 119

Kant, Emmanuel, 20, 83
Küng, Hans, 25-26

Lafrance, Jean, 71
Larrañaga, I., 68
Leclerc, E., 79
López, J. E., 144

Manresa, F., 59
Marcel, Gabriel, 111
Máximo, 68
Mello, A. de, 100
Mitchell, Basil, 129
Molina, Tirso de, 84
Moliner, María, 15
Moreno, J. L., 119
Moro, Tomás, 82
Mounier, E., 115

Nacianceno, Gregorio, 76
Nietzsche, 61

Ortega y Gasset, J., 107

Pannikar, R., 20
Papini, G., 141

Paz, Octavio, 59
Picasso, Pablo, 74
Pieper, Joseph, 30-31, 34
Pikaza, X., 123
Platón, 45

Rochefoucauld, La, 142
Rodari, Gianni, 102
Ruiz de la Peña, J. L., 108

Sade, Marqués de, 141
Sainz de Robles, Carlos Federico, 16
Salinas de Gortari, Carlos, 111
Schopenhauer, 143
Séneca, 88
Sócrates, 82

Tolstoi, L., 98
Tomeo, J., 138
Torres Queiruga, A., 67

Valadier, P., 97

Wiesel, E., 55

Zaid, Gabriel, 110
Zedillo, Ernesto, 111
Zubiri, Xavier, 56, 60

Índice analítico

Abandono de la santidad, 89
Abismo, 120
Absolución, 85
Abuso de confianza, 16
Acción de gracias, 46
Aceptación y rechazo, 101
Acritud de carácter, 135
Actitud, 120
Afirmación, 20, 61
    a favor de la humanidad, incondicionalidad de la, 26
    absoluta, 61
Agnóstico, 61
Agradecimiento y amistad, 75-77
Alabanza, 68
Alandar, 50
Alerta, 75
Alianza, 120
    en el Antiguo Testamento, 44-47
    en el Nuevo Testamento, 47-50
Aliento, 16
Alma
    confianza que nace del, 95-97
    inmortalidad del, 82
Amargura, 135
Amigo, 122
Amistad, 16, 118, 122, 142
    auténtica, 122

    carácter básico de la, 121
    y agradecimiento, 75-77
Amor, 18, 27, 76, 119
    benevolente, 44-45
    de caridad, 74
    fiel, 46
    infiel, 117
    relacional, secreto supremo del, 76
Anarquía de los valores, la, 97
Anciano, 74
Animal
    cristiano o cristianable, 58
    político, 58
    racional, 58
Animalidad, 141
Ánimo, 16
Anormalidad de los metasentimientos, 145
Antiguo Testamento, 47
    alianza en el, 44-47
Antónimos de confianza, 16
Apostasía, 89
Appel aux vivants, 26
Aprendizaje de los valores, 127
Arte creador, propiedad esencial del, 99
Asentimiento de fe, 58
Astucia, 109
Ateo, 61

desconfianza del, 61
gramática del, 61
Atropello, 16
Audacia, 33
Aurora roja, 144
Autodesprecio, sentimiento de, 146
Autoestima, 106-107
Autolatría, 79
Automatismos, 56
Autonomía, 83
  humana, 26
  y libertad, 83
Autorreproche, sentimiento de, 146
Auxilio, 42
Azar, 18
  naturaleza del, 18

Bautismo, 85
Benevolencia, 45-46
Biblia, 66
Bondad, 44
Buscador de Dios, 62
Búsqueda, la, 100

Caballero de la armadura oxidada, el, 80
Caída en el tiempo, la, 140
Calvinismo, 83
Campo(s)
  de confianza, 128
  de los significados, 128
  fóbicos, 128
Capacidad
  de crítica y de objetividad, 107
  de hacer trampas, 112
  racional del hombre, 25
Capricho, 45
Carácter, 107
  acritud de, 135
  básico de la amistad, 121
  procesal de la interacción, 126
Caracteres básicos de la desconfianza o suspicacia, 145
Caridad, 74, 119

amor de, 74
Ciencia, 28
Compasión, 119
Competitividad, 133
Comportamientos obsesivos, 146
Comunicación confiada, 57-59
Comunidad humana, historia de la, 114
Conducta contrafóbica, 145
Conductismo, 55
Confiado, 38
Confiante, 17, 120
Confianza(s), 15-16, 20, 28, 30, 101
  abuso de, 16
  activa y responsable, 84
  antónimos de, 16
  basada en Dios, 82
  básica, 23
  bilateral, 18
  campos de, 128
  como situación de lo transitorio, la, 19
  del fiel, incondicional, 114
  del hijo, 124
  depósito de las, 102
  divina a la confianza humana, de la, 93-132
  en Dios, 24-25, 42-44
    fe religiosa descansada en la, 17
  en el desarrollo de la vocación de persona, 102
  en el hombre, 82
  en lo divino, 59
  en lo que salva, necesidad de, 59-61
  en un yo previo que el yo posterior anticipa, necesidad de, 103-104
  falsa, 84-86
  fe que entraña, 18
  grados de, 113-124
  humana, 89
    de la confianza divina a la, 93-132
  interpersonales, 23

límite máximo de la, 89
necesaria, 99
parábolas de la, 127-132
permanencia en la fidelidad y en la, 117
principio, 125-127
que nace del alma, 95-97
razonable, 56-57
sinónimos de, 16
unilateral e imperfecta, situación de, 18
verdadera, 87-88
y confidencia, 113
y oración, 63-91
y transparencia, 137-138
Confiar, 15, 23, 56, 122
el misterio de, 54-56
en Dios, 29, 35-50
en lo valioso ajeno, necesidad de, 106-108
forma de, 100
orar para, 69
posibilidades básicas del creer y del, 29-30
y pensar en compañía, prohibición de, 21
Confiarse, sinónimos de, 16
Confidencia(s), 23, 120
confianza y, 113
falsas, 108-111
Confidente(s), 17, 120
definición, 109
Conocido, definición, 21
Conocimiento, 46, 57, 100
del creyente, 32
intercompenetración entre deseo y, 58
mecanicista del estímulo, 55
por desconocimiento, 76
Construcción
anticipada del yo con el tú, 103
del yo, 104
Consumismo, 117

Consummatum est, 22
Contagio artístico, 98
Conversión, 38
Convertido, 38
Convicción
de fe, 58
dimensión mística de la, 59
sentido de la, 58
Convicciones, 97
compartidas, 29
raciovitales, 58
Corazón empático, 96
Corazón, el, 100
Corrupción, 110-111
política, 108
esencia de la, 110
origen de la, 110
Cosmos, 46
Creatividad, 120
Credentidad, 108
Credibilidad, 34, 48
razones de, 58
signos de, 58
Crédito, 16, 127
moral, 127
Creencia, 16
Creer
en Dios, 29
y del confiar, posibilidades básicas del, 29-30
Creyente, 38, 70
conocimiento del, 32
cruz del, 81
incipiente, oración del, 78
vida del confiado, 37
Cristianos del siglo XXI, los, 88
Cristo
cruz de, 81
misterio de la Iglesia de, 48
Crítica y de objetividad, capacidad de, 107
Cruz
de Cristo, 80

de la desconfianza, 135
del creyente, 81
referida a Dios, 81
Cuestión disputada sobre las virtudes en general, 110
Culpa
  metasentimientos de, 145
  sentimiento de, 146
Cultura, 102

Debilidad, 48
Definición y dinámica de los rasgos del carácter, 107
Del espíritu, 143
Delirio, 146
  de las fobias al, 146-148
Depósito de las confianzas, 102
Depresión, 146
Derecho, 45
Derechos humanos, 29
Desarrollo de la vocación de persona, confianza en el, 102
Desconfiado, 38
Desconfianza, 17-18, 22, 114, 126, 128, 143-144
  a la sospecha, de la, 144-146
  cruz de la, 135
  de todos contra todos, 22
  del ateo, 61
  en la otra ladera de la, 133-148
  manejo de la, 27
  o suspicacia, caracteres básicos de la, 145
  total y general, situación de, 18
  y pesimismo, 140
Desconfiar, 132
Desconocimiento, conocimiento por, 76
Deseo, 125
  de fama, 143
  y conocimiento, intercompenetración entre, 58
Deshonestidad, 108

Desmemoria, 115
Dialéctica del sufismo, 72
Diccionario del uso del español, 15
Dimensión mística de la convicción de fe, 59
Dios, 24, 26, 32, 44
  al hombre, movimiento de, 67
  buscador de, 62
  confianza en, 24-25, 42-44, 82
  confiar en, 29, 35-50
  cósmico, 46
  creer en, 29
  cruz referida a, 81
  el silencio de, 71
  en el hombre, nacimiento de, 76
  encarnación del Verbo de, 85
  Espíritu de, 47
  existencia de, 82
  experiencia de, 87
  fe religiosa descansada en la confianza en, 17
  generosidad de, 44
  imagen de, 95
  inexistente, 68
  invisible, 69
  movimiento del hombre a, 67
  nacimiento del hombre en, 76
  palabra de, 46
  voluntad de, 32
    creadora, 45
Divinidad, secreto supremo de la, 76
Divino, confianza en lo, 59
Duda, 20, 61-62
  desconfiada, 62
  hiperbólica, 20

Efecto Pigmalión, 96
Egoísmo, 76, 114
Ejercicios espirituales y teología fundamental, 59
El estado de sitio, 27
El hombre, animal no fijado, 19

El hombre y Dios, 56
Elecciones raciovitales, sucesión de, 58
Elevación del silencio, 97
Emet, 45-46
Empatía, 96, 119-120
En el jardín del Edén, 21
Encarnación del Verbo de Dios, 85
Encuentro compartido, 121-123
Encuentro. Manual de oración, 68
Entrega, fidelidad y, 114
Envidia, relación de, 106
Epéctasis, 76
Epístolas morales a Lucilio, 88
Equilibrio mental, límite máximo de la santidad y del, 89
Escala de necesidades, 102
Esclavitud, 123
Esencia
    de la corrupción política, 110
    de la fe confiada, 54
Esfuerzo, 16
Especies de la buena y de la mala fe, 138
Esperanza, 16-18, 74, 119
    principio, 125
Espíritu, 120
    de Dios, 47
    del hombre, 76
Espíritu y palabra, 66
Estabilidad, 45
Estímulo, conocimiento mecanicista del, 55
Estructura íntima del mundo, 46
Eternidad, 115-118
Ética, 37, 86
Ética y religión, 26
Eucaristía, 85
Eudaimonía, 143
Evangelio, 57
Exceso, 16
¿Existe Dios?, 25
Existencia
    de Dios, 82
    del metasentimiento, 147
Éxito o fracaso de los yoes construidos, 101
Experiencia, 120
    de Dios, 87
    religiosa original, 59
Experiencia del fuego, la, 72
Éxtasis, 76
Extrañamiento de la realidad, 146

Fama, deseo de, 143
Familia, 102
Familiaridad, 16
Fatuidad, 16
Fe, 16-17, 28-30, 32-33, 53-54, 62, 80, 101, 123
    asentimiento de, 58
    confiada, 17, 28, 50, 54, 56, 70
        esencia de la, 54
        verdadera, 32-34
    convicción de, 58
    cristiana, 31
    dimensión mística de la convicción de, 59
    especies de la buena y de la mala, 138
    pérdida de la, 56
    que entraña confianza, 18
    religiosa descansada en la confianza en Dios, 17
    verdaderamente confiada, hombre de, 53
    y fidelidad, 113
Felicidad, 23, 108, 121
Fiabilidad, 45
Fidelidad, 17, 33, 45-46, 110, 113-115, 123, 136, 142
    confiada, 33
    confidente y confiante, 123
    fe y, 113
    segunda naturaleza de la, 33
    virtud de la, 32
    y en la confianza, permanencia

en la, 117
y entrega, 114
Fieles a la infidelidad, 118
Fin del cristianismo premoderno. Retos hacia un nuevo horizonte, 67
Firmeza, 45
Fobia(s), 135, 145
   al delirio, de las, 146-147
   de la sospecha a las, 144-146
Focalización, 145
Formas básicas de vinculación, 101
Fracaso o éxito de los yoes construidos, 104
Franqueza, 16
Frivolidad, 115
Fundamentalidad, voluntad de, 56-57

Generosidad, 142
   de Dios, 44
   recíproca, 136
Gracia, 44-45, 53, 69-70, 83, 87
   amorosa, 54
   barata, 84-86
   cara, 84-86
   naturaleza de la, 85
   y mérito, 82-84
Grados de confianza, 123-127
Gramática del ateo, 61
Guerra, 110

Hermano visible, 69
Hesed, 44-46
Hijo, confianza del, 124
Hipocresía, 68
Historia
   de la comunidad humana, 114
   del pensamiento, 82
Hombre, 140
   a Dios, movimiento del, 67
   capacidad racional del, 25
   confianza en el, 82
   de fe verdaderamente confiada, 53
   en Dios, nacimiento del, 76
   espíritu del, 76
   ilustrado, 21
   movimiento de Dios al, 67
   nacimiento de Dios en el, 76
   veracidad de un, 32
Honestidad, 108, 120
Honradez, 142
Humanidad
   incondicionalidad de la afirmación a favor de la, 26
   naturaleza egoísta de la, 143
Humano, 60
Humildad, 33-34, 79, 142

Ideal de santidad, 79
Identidad, 22, 24, 106
Iglesia, 47-49
   de Cristo, misterio de la, 48
   de Jerusalén, 48
   de Roma, 48
Ilusión, 107
Ilustración, 20-21
Imagen de Dios, 95
Impiedad, 82
Imprudencia, signos de, 136
Impureza, 50
Incapacidad
   de la inocencia, postulación de la, 21
   para crear vínculos estables, 114
Incapaz, definición, 20-21
Incoherencia, 115
Incondicionalidad de la afirmación a favor de la humanidad, 26
Inconsciente onírico, 71
Inconstancia, 115
Individualismo, 21
Infidelidad, 114, 116, 123
Ingenuidad, 107
Inmortalidad del alma, 82
Inocencia, postulación de la incapacidad de la, 21
Inseguridad, 22

Intención, 125
Interacción, 106, 126
   carácter procesal de la, 126
Intercompenetración entre deseo y conocimiento, 58
Interés, 100
Intimidad, 16, 120

Jerusalén, Iglesia de, 48
Jesús de Nazareth, Aproximación a la cristología, 24
Justicia, 45, 119, 142
   griega, 45
Justificación del pecado, 85
Justine, 141

Labilidad, 95
Las virtudes fundamentales, 31
Lazarillo de Tormes, el, 112
Lealtad, 45
Les vertus et l'amour, 33, 114, 140
Ley moral, 115
Libertad, 16, 55, 123
   humana, autonomía y, 83
Límite máximo
   de la confianza, 89
   de la santidad y del equilibrio mental, 89
Llamada y respuesta, 77-78
Locura, 119

Madurez, 89, 107
Magnanimidad, 142
Manejo de la desconfianza, 27
Martes con mi viejo profesor, 120
Memoria, 72
   del Origen, 72
Mendicidad, 110
Mentira, 109-110
   institucionalizada, 110
Mérito(s)
   humanos para alcanzar la salvación, 83
   y gracia, 82-84
Metanóesis, 38
Metasentimiento(s), 145
   anormalidad de los, 145
   de culpa, 146
   existencia del, 147
Miedo, 145-147
Misericordia, 44
Misterio, 54
   de confiar, el, 54-56
   de la Iglesia de Cristo, 48
   de la Trinidad, 80
Mística, 120
Moderación, 142
Modernidad, 21
   ilustrada, 21
Moralismo, 109
Movimiento
   de Dios al hombre, 67
   del hombre a Dios, 67
Muerte, 119
Mundo, estructura íntima del, 46

Nacimiento
   de Dios en el hombre, 76
   del hombre en Dios, 76
Naturaleza
   de la fidelidad, segunda, 33
   de la gracia, 85
   del azar, 18
   egoísta de la humanidad, 143
Naturalidad, 16
Necesidad(es)
   de confianza
     en lo que salva, 59-61
     en un yo previo que el yo posterior anticipa, 103-104
   de confiar en lo valioso ajeno, 106-108
   escala de, 102
   espirituales, 102
Negación, 61
   de la negación, 20

Neurosis, 146
Nuevo Testamento, 47
   alianza en el, 47-50

Objetividad, capacidad de crítica y de, 107
Oración, 17, 62, 69, 71, 74
   del creyente incipiente, 78
   hímnica, 46
   y confianza, 63-91
Oración del corazón, la, 71
Orante, 67, 74
Orar, 67, 71, 74
   para confiar, 69
Origen
   de la corrupción política, 110
   memoria del, 72

Paciencia y silencio, 74-77
Pacto de supeditación *ad hoc*, 105
Palabra de amor, 123
Palabra de Dios, 46
Parábola(s)
   de la confianza, 127-132
   de la golondrina, 131
   de las huellas sobre la arena, 131
   de los astronautas, 128
   de los dos huérfanos, 130
   de los dos viajeros, 129
   del jardinero, 127
   del luchador de la resistencia, 129
   del martillo, 132
Paz confiada, 110
Pecado, justificación del, 85
Pelagianismo, 83
Pensamiento
   moderno, 20
   historia del, 81
Pensar, 58
   en compañía, prohibición de confiar y, 21
Pérdida de la fe, 56
Perdón, 85

Permanencia en la fidelidad y en la confianza, 117
Perseverancia, 108
Persona
   confiada, 107
   confianza en el desarrollo de la vocación de, 102
   fiel, 113-114
   religiosa, 77
Pesimismo y desconfianza, 140
Peso del silencio, 99
Piedad, 82, 119, 142
Piezas maestras del teatro teológico español, 84
Pigmalión, efecto, 96
Plausibilidad, 145
Plerofía, 74
Pluralismo religioso, tolerancia y, 82
Poder
   impune, 110
   tradicional, 111
Por qué soy cristiano, 144
Posibilidades básicas del creer y del confiar, 29-30
Posterioridad, 145
Postulación de la incapacidad de la inocencia, 21
Presencia providente, 43
Presunción, 16
Principito, El, 76
Profano, 67
Prohibición de confiar y pensar en compañía, 21
Propiedad esencial del arte creador, 99
Psicodrama, 119

¿Qué es arte?, 98
Querer, forma de, 100-101

Racionalidad
   cálida, 56
   fundamental de la razón humana, 24-25
Ratio, 21

Razón, 21-22, 58, 80
  crítica, 56
  humana, racionalidad fundamental de la, 24-25
Razones de credibilidad, 58
Realidad, 24
  extrañamiento de la, 146
  finita, 44
  infinita, 44
Rechazo y aceptación, 101
Reconciliación, 142
Refugio, 42
Relación
  confiada, 77
  de envidia, 106
  hermenéutica, 59
Resentimiento, 135
Respeto, 120, 136
Responsabilidad, principio, 125
Respuesta y llamada, 77-78
Retratos y leyendas jasídicos, 55
Rezar, 69
Roma, Iglesia de, 48

Sabiduría de un pobre, 79
Sacrificio, 33
Sagrado, 67
Salmos, 38-45, 62
Salud mental, 119
Salvación, méritos humanos para alcanzar la, 83
Santidad, 79, 89
  abandono de la, 89
  ideal de, 79
  y del equilibrio mental, límite máximo de la, 89
Santo sabio, 69
Secreto supremo
  de la divinidad, 76
  del amor relacional, 76
Seguridad, 16, 23
Sentencias de Maximiliano Calvo, 65-66

Sentido
  de la convicción, 58
  etimológico de lo *transitorio*, 19
Sentimiento
  de autodesprecio, 146
  de autorreproche, 146
  de culpa, 146
Ser cristiano, 25-26
Significados, campo de los, 128
Signos
  de credibilidad, 58
  de imprudencia, 136
Silencio
  de Dios, el, 71
  elevación del, 99
  gozoso, 99
  penoso, 99
  peso del, 99
  y paciencia, 75-77
Simpatía y benevolencia, 142
Simulación, 110
  democrática, 110
Sinceridad, 16
Sinónimos
  de confianza, 16
  de confiarse, 16
Situación
  de confianza unilateral e imperfecta, 18
  de desconfianza total y general, 18
Sociedad, 102
Solidaridad, 119
  creativa, 98
Sonido, 99
Sospecha
  a las fobias, de la, 144-146
  de la desconfianza a la, 144-146
Sucesión de elecciones raciovitales, 58
Sueño oratorio, 71
Sufíes, 73
Sufismo, 72-73
  dialéctica del, 72
  islámico, 72

Sufrimiento, 119, 135
Supeditación *ad hoc*, pacto de, 105
Superficialidad, 114-115
Suspicacia, caracteres básicos de la desconfianza o, 145

Temor, 76, 89-91, 99
Tensión dialógica, 46
Teonomía, 83
Teoría de los sentimientos, 103, 138
Ternura, 75
Testículos, 100
Testigos, pequeños, 100
Testimonio, 85
Tiempo, tríada del, 74
Tolerancia y pluralismo religioso, 82
Traición, 115-117
Trampas, capacidad de hacer, 112
Tranquilidad, 16
Transitorio
    la confianza como situación de lo, 19
    sentido etimológico de lo, 19
Transparencia, confianza y, 137
Trinidad, misterio de la, 80
Tristeza, 135
Tú, construcción anticipada del yo con el, 103

Utopía, 82
Utopía de la vida religiosa, la, 121

Valentía, 33
    continuada, 33
Valor fiel, 33
Valoraciones, 97
Valores, aprendizaje de los, 127
Veleidad, 45
Veracidad de un hombre, 32
Verbo de Dios, encarnación del, 85
Verdad, 20, 32, 109-110
Versatilidad, 115
Vida, 58
    del confiado creyente, 37
Vigor, 16
Vinculación, formas básicas de, 101
Vínculos estables, incapacidad para crear, 114
Virtud(es)
    antropológicas básicas, 18
    axial, 18
    cardinales, 18
    central, 18
    confiable, 18
    de la fidelidad, 33
    -gozne, 18
    humana, 18
    teologales, 18
Virtudes cristianas ante la crisis de valores, 108
Vocación de persona, confianza en el desarrollo de la, 102
Voluntad, 32-33
    creadora de Dios, 45
    de Dios, 32
    de fundamentalidad, 56-57

Yo, 105
    con el tú, construcción anticipada del, 103
    consciente, 103
    construcción del, 104
    inconsciente, 103
    posterior anticipa, necesidad de confianza en un yo previo que el, 103-104
    previo que el yo posterior anticipa, necesidad de confianza en un, 103-104
Yoes
    construidos, éxito o fracaso de los, 104
    fantaseados, 104
    privados, 104
    profesionales, 104
    públicos, 104